Franz Xaver Huber

SOLIMAN DER ZWEITE oder: Die drei Sultaninen

Ein Singspiel in zwei Aufzügen

Franz Xaver Huber

SOLIMAN DER ZWEITE oder: Die drei Sultaninen
Ein Singspiel in zwei Aufzügen

ISBN/EAN: 9783743410213

Hergestellt in Europa, USA, Kanada, Australien, Japan

Cover: Foto ©Thomas Meinert / pixelio.de

Manufactured and distributed by brebook publishing software (www.brebook.com)

Franz Xaver Huber

SOLIMAN DER ZWEITE oder: Die drei Sultaninen

Soliman der Zweite,
oder
die drey Sultaninen.

Ein Singspiel,
in zwey Aufzügen.

Nach dem Französischen des Herrn Favart
bearbeitet

von

Franz Xaver Huber.

Die Musik ist von Hrn. Franz Xav. Süßmayer, Kapellmeister in wirklichen Diensten der k. k. Theatral=Hof=Direktion.

Aufgeführt auf den k. k. Hoftheatern.

Wien,
auf Kosten und im Verlag bey J. B. Wallishauser.

1799.

Personen.

Soliman II. türkischer Kaiser.
Marianne, eine Deutsche.
Elmire, eine Spanierinn.
Delia, eine Cirkasserinn.
Osmin, Kislar-Aga.
Der Mufti.
Großvezier.
Janitscharen-Aga.
Ein Schiffskapitain.
Mehrere Große des Reichs.
Mehrere Odaliken.
Sklavinnen.
Matrosen.
Schwarze, Haremswächter, Stumme,
  und andere Sklaven.

Erster Aufzug.

Erster Auftritt.

(Ein prächtiger Saal im Innern des Harems. Eine Menge Odalisken reichlich und kostbar gekleidet, sitzen nach türkischer Art auf Polstern.

Bald schmeicheln der Hoffnung entzückende Freuden,
Bald tödtet die Furcht beut mit brennender Qual,
Für welche wird Sollmans Auge entscheiden? —
Ach träfe nur mich diese glückliche Wahl.

Eine Odalike stehet auf

Das Vorrecht zu gefallen,
  Gebühret mir allein,
Ich werde aus euch allen
  Die Favoritin seyn.

Eine andere Odalike stehet auf

Als ich, besitzt ihr keine
  Der Reize Zaubermacht,
Ihr seyd, wenn ich erscheine,
  So häßlich wie die Nacht.

Alle Odaliken stehen auf. Erst jede einzeln, dann alle zusammen.

Du! — schön! — mit dem Gesichte? —
  Was bildest du dir ein? —
Betrachte mich beym Lichte! —
  Schön bin ich nur allein.

Zweyter Auftritt.

Vorige. Osmin.

Osmin.
Ha! was soll denn dieses Schwärmen!
  Ehrfurcht heischet dieser Ort.
Weiber höret auf zu lärmen,
  Sonsten jag ich alle fort.

1ter Odalike.
Osmin höre! — diese Frauen —

2te Odalike.
Wollen schöner seyn als ich —

3te Odalike.
Vor der Wahl darf mir nicht grauen —

4te Odalike.
Sicher wählt der Sultan mich.

Osmin.
Diesen Streit gehörig heben
Kann nur Soliman allein,
Ich kann euch den Preis nicht geben,
Darum laßt das Zanken seyn.

Einige Odaliken.
Osmin rede!

Die Übrigen.
  Sprich als Kenner.

Osmin.
Beym Propheten schweiget still.

Einige Odaliken.
Diese Weiber (spöttisch eine auf die andere deutend)

Die Übrigen
(gleichfalls spöttisch) Sind sie schöner?

Ein Singspiel.

Osmin.

Ha! jetzt wird es mir zu viel!

Osmin und die Odalifen.

Trotz der Galle muß ich) lachen,
Wahrlich, das ist nur zum)
Wie sich diese Weiber blähn! —
Wollt ihr mich denn rasend machen! —
Häßlich sind sie wie die Drachen,
Keine ist aus allen   ) schön.
Keine ist, wie ich so   )

(Zwey Haremswächter ziehen die Vorhänge auf, welche die Stelle der Thüre bey den Türken vertretten.)

Osmin.

Soliman erscheinet nun,
Lasset eure Zungen ruhn.

(Er ordnet die Odalifen, welche ihre Schleyer herablassen, in eine Reihe.)

Dritter Auftritt.

Vorige. Soliman.

(Soliman tritt im Gefolge einer Menge Verschnittenen, Stummer, und Sklaven ein. Die Odalifen und Osmin knien nieder, und alle erzeigen ihm nach türkischem Gebrauche ihre Ehrfurcht.)

Osmin und die Odalifen.

Hier ist vor deinen Blicken
 Das Harem jetzt vereint,
Laß deine Huld beglücken,
Die deiner würdig scheint.

Soliman.

Er giebt ein Zeichen, die Odalifen stehen auf, und

entschleyern sich. Er betrachtet sie alle. Seine Blicke su=
chen Elmiren, und da er diese nicht findet, tritt er miß=
vergnügt zur Seite.)

(für sich) Elmire hofft ich hier zu finden,
Doch fruchtlos späht mein Aug nach ihr! —
So kann ich ihren Haß nicht überwinden,
Die Grausame! sie flieht vor mir. — —
Ist das der heißen Liebe
Des treuen Herzens Lohn! —
Sie spottet meiner Triebe;
Verachtet meinen Thron.
Muß ich aus ihren Augen
Zu meiner Qual und Pein
Das süße Gift einsaugen,
Da sie kann fühllos seyn.

Die Odalifen jede für sich

Mir lächeln seine Blicke,
Mein Reiz bezaubert ihn,
Der Liebe sanftes Glücke
Fängt an für mich zu blühn.

Soliman.

(betrachtet die Odalifen wieder)
Ach! keine hat aus allen
Elmirens Zaubermacht. —
Die Houris selbst mißfallen
Sobald Elmire lacht. — — —

(zu den Odalifen)
Verschoben bleibt die Wahl
Verlasset diesen Saal.

(für sich.)
Nur aus Elmirens Blicken,
Quillt jene Macht allein
Die Herzen zu bestricken
Des Siegs gewiß zu seyn.

(Die Odalisken ganz betroffen.)
Es muß dem Sultan fehlen
An seinem fünften Sinn,
Er würde mich sonst wählen,
Da ich so reizend bin.

Osmin.

(boshaft lächelnd, auf die Odalisken deutend.)
Wie Röthe ihre Wangen
Vor Galle überzieht,
Da sie das nicht erlangen
Wornach doch jede glüht.
(Die Odalisken nebst allem Gefolge ab.)

Vierter Auftritt.

Soliman. Osmin.

Solim. (geht in Gedanken verloren mit schnellen Schritten auf und ab.)

Osmin (folgt ihm in einiger Entfernung immer nach.) Gnädigster Herr! — Er hört mich nicht. — Ihr unterthänigster Sklave erwartet ihre Befehle. — Ich rede vergebens. Er ist taub. — Großmächtiger Sultan! —

Solim. (aus seinen Gedanken erwachend.) Osmin! —

Osmin. Gnädigster Herr!

Solim. Du, den ich zum Hüter meines Frauenzimmers aufgestellt habe. —

Osmin. Wahrlich ein beschwerlicher Dienst!

Solim. Hast du unter tausend Schönheiten eine gefunden, welche an Reizen Elmiren den Vorzug streitig machen kann?

Osmin. Keine; denn Sie lieben Elmiren.

Solim. Und gibt es unter allen Sterblichen einen unglücklichern als mich?

Osmin. O Ja!

Solim. Welchen?

Osmin. Mich zum Beyspiel, der auf der Welt keine andere Bestimmung haben kann, als das Frauenzimmer zu hüten.

Solim. Elmire, die ich anbethe, will mich verlassen.

Osmin. Das ist noch nicht gewiß.

Solim. Ich schwur, da der Sklavenhändler sie in das Serail brachte, und sie ohnmächtig in deine Arme sank, daß ich sie nach einem Monathe ihren Altern wieder zurückschicken würde, wenn sie unempfindlich gegen meine Liebe bleiben sollte. Die Zeit ist verflossen, und —

Osmin. Elmire wird den Termin schon verlängern.

Solim Ich schmeichelte mir selbst mit dieser Hoffnung, und ließ heute aus dieser Ursache alle Odalisken zur Wahl einer Favorit-Sultaninn versammeln. Ich glaubte, Elmire würde unter ihnen erscheinen, aber Osmin! sie kam nicht, und so ist es gewiß, daß sie reisen will.

Osmin. Und ich glaube, daß Elmire mehr vor der Reise zittert, als Soliman. —

Solim Woraus schließt du das?

Osmin. Weil man nicht alle Tage einen Sultan zum Liebhaber erhalten kann. — Ich wollte des Propheten Bart verwetten, daß Elmirens Herz in Geheim nichts sehnlicher wünscht, als sich auf gute Art ergeben zu können.

Solim. (beleidigt) Sklave! lerne den würdigen Gegenstand besser kennen, den dein Herr anbethet.

Osmin. Nun wohl: Ich habe Unrecht! — Sie werden nicht geliebt — weil Sie nicht geliebt seyn wollen.

Solim. Ich will es nicht?

Osmin. Wahrlich nicht. Das Unglück muß ihnen angeboren seyn. Ist eine Schöne grausam, so seufzen Sie, und wollen verzweifeln. Gibt sie endlich ihren Wünschen nach, so werden Sie kalt, und klagen, daß man Sie zu viel liebet. Jetzt möchte ich wissen, wie es ein Frauenzimmer anfangen soll, Sie glücklich zu machen.

Solim. Du hast Recht. Aber um so mehr bin ich zu bedauern.

Osmin. Ey warum, da Sie unter so vielen Weibern nur nach Herzenslust wählen dürfen. In diesem Punkt ist ja Niemand besser daran, als ein Muselmann.

Daß alle Weiber Engel sind
Hab ich einmal gelesen,
Ist das wohl wahr?

Soliman.

Das ist sehr wahr.

Osmin.

Auch reizt jedes Menschenkind
Ihr liebevolles Wesen
Ist das auch klar?

Soliman.
Ja! Sonnenklar!
Osmin.
Wenn nun ein einziger Engel schon
So viele Lust und Wonne giebt,
Dann lebt man herrlich auf dem Thron,
Den eine Schaar von Engeln liebt,
Damen von dem ersten Stande,
Jung und schön aus jedem Lande,
Bauernmädchen, dick und rund,
Hoch von Farbe, stark, gesund,
Kammerkätzchen, listig fein
Stillen gern der Hoheit Pein.
Alte Weiber, jung und alt,
Weis, und blau und roth gemahlt.
Alle schreyen im lauten Chor
Soliman.
Freund Osmin! du bist ein Thor.
Osmin.
Sehr möglich! — doch kann ichs nicht denken,
Wie sollte ein Sultan sich kränken!
Wenn eine ihre Liebe versagt.
Wie kann er vergebens sich quälen!
Er kann ja aus Tausenden wählen,
Wer herrschet, sey niemals verzagt!
Soliman.
Die Liebe —
Osmin.
Hat Kluge und Thoren
Schon öfters gewaltig geschoren
Das weis ich von sagen nur blos.
Soliman.
Ein lokigt —schwarzes Haar —

Ein Singspiel

Osmin.
Hat keine Noth.

Soliman.
Ein schönes Augen Paar —

Osmin.
Ist für mich todt.

Soliman.
Ein kleiner Fuß

Osmin.
Macht mir nicht heiß,

Solimann.
Ein süßer Kuß

Osmin.
Ist für mich Eis.
So will es mein glückliches Loos.

Soliman.
Mich dauert dein glückliches Loos.

Solim. Ohne Elmiren ist jede Freude für mich erloschen.

Osmin. Nun wohl! so behalten Sie Elmiren hier, und machen durch diese Wahl den Kabalen, Zänkereyen, und Verwirrungen unter den fünf hundert Nebenbuhlerinnen ein Ende. Alle streben nach der Ehre einer Favorit-Sultaninn. So lange diese nicht gewählt ist, wird keine Eintracht unter den übrigen herrschen.

Solim. Es ist deine Sache dafür zu sorgen. Ich will, daß Einigkeit im Harem seyn soll.

Osmin. Keiner will das mehr als ich; aber es ist beynahe nicht mehr auszuhalten. Besonders haben wir eine junge Deutsche, die ist wild, leichtsinnig, und stolz wie der Teufel. Sie spottet über alles, lebt ohne den geringsten Zwang, und fühlt kein größeres Vergnügen, als wenn sie mich vor Galle rasend machen kann.

Solim. Ich erkenne sie an dem Gemählde. — Ist es nicht Marianne.

Osmin. Eben diese.

Solim. Der Miene nach ist sie sehr ausgelassen.

Osmin. Sie trotzet allem, sogar der Liebe.

Solm. Du mußt sie im Zaum halten.

Osmin. Ja, wenn Sie sich nur im Zaume halten ließe. Ich verliere alle Geduld bey ihr. Zanke ich, so singet oder tanzet sie; äffet meine ansehnliche Person bey jeder Gelegenheit nach, und ist sogar, so verwegen, die geheiligte Person des Beherrschers der Gläubigen auszuspotten. Sie bekümmert sich um nichts, und suchet nicht einmahl Ihnen zu gefallen.

Solim. Wollte ich sie meiner Aufmerksamkeit werth halten, sie würde sich bald ändern.

Osmin. Ich zweifle sehr. Da ich ihr heute befahl, unter der Zahl der Odalisken zu erscheinen, so lachte sie mir in das Gesicht, und fragte mich — Ob ich glaube, daß es der Mühe lohne, die Schuhe zu bestauben, um einen Sultan zu erobern.

Solim. Das war frech! — doch von etwas andern. Sind die Geschenke für Elmiren bereit?

Osmin. Ja Herr! ich erwarte nur ihre Befehle, wohin sie gebracht werden sollen?

Ein Singspiel.

Solim. Wenn Elmire zu mir kommt, so begleite sie hieher, und bringe die Geschenke mit. (Osmin ab.)

Fünfter Auftritt.

Soliman.

Wie bange schlägt mein Herz vor dem Augenblicke der Trennung — Himmel! — — Sie kommt schon, sich auf ewig zu beurlauben.

Sechster Auftritt.

Soliman, Elmire, Osmin, und viele Sklaven, welche mit prächtigen Geschenken voran gehen, und dann hinten stehen bleiben, nachdem sie bey Soliman vorbeygezogen sind.

Chorus.

Nimm die Zeichen hoher Gnaden
Unsers großen Kaisers an.
Mit Geschenken reich beladen
Ziehest du von Soliman.
Reise fröhlich, dich geleite,
Amor in dein Land zurück,
Und stets wandle dir zur Seite
Freude, Ruhe, hohes Glück.

Elmire. Sultan?
Solim. Ich weiß, was Sie mir sagen wollen: Ich habe Sie hier einen Monath aufgehalten. — Dies war aber auch nur der einzige Zwang, den ich ihnen anthat.

Elmire. Großmüthiger Sultan? Ihre vortrefliche Seele, ihre Güte — ihre Gnade machen ihnen noch mehr, als ihr Rang, die Herzen unterthänig.

Solim. Und doch verläßt mich Elmire! — Der heutige Tag trennt uns auf ewig.

Elmire. Wie! ist der Monath schon zu Ende?

Solim. Was sagen Sie? — Sollte es möglich seyn? daß Sie —

Elmire. Ich kann die Abreise verschieben, wenn Sie es verlangen.

Osmin. (für sich.) Ich dacht es gleich, daß Sie den Termin verlängern wird.

Elmire. Die Hochachtung — —

Solim. Wenn weiter nichts als Hochachtung Sie zurückhält, so reisen Sie. — Wenn es Liebe wäre. — Aber ich hoffe nichts mehr. — Eilen Sie in die Arme ihrer Ältern. Wie viele Liebe sind diese einer Tochter schuldig, die um ihrentwillen einen Thron verachtet. — Es müssen vortrefliche Ältern seyn.

Elmire. Ältern sind oft bey unsern Schicksal sehr gleichgültig, und ihre Freundschaft gegen uns vermindert sich mit den Jahren. Sie gnädigster Herr! haben eine großmüthigere Sorgfalt für mich geäußert. — Man gehöret denen am meisten, die uns glücklich machen.

Solim. Sagen Sie ihren Ältern, wie sehr ich Sie liebte! Zeigen Sie Ihnen diese Geschenke, den Tribut eines aufrichtigen Herzens.

Elmire. Diese Geschenke muß ich verbitten.

Ein Singspiel.

Solim. Wie? Sie erniedrigen mich so tief, daß Sie meine Geschenke verschmähen?

Elmire. Ich nehme nichts als ihr Bild mit. Ihre Züge sind meinem Herzen, wo nicht von der Liebe, doch von der Erkenntlichkeit eingeprägt. — Ich glaube mein Vaterland zu verlassen, indem ich von hier reise. (Mit verstellter Wehmuth.) Leben Sie ewig wohl, großmüthigster Soliman!

Solim. Elmire! Sie verlassen mich wirklich? —

Elmire. (für sich.) Er wird gerührt. Ich fasse Muth. (laut.) Es muß seyn.

Solim. Und diese Geschenke sollen nicht angenommen werden.

Elmire. Geschenke nimmt man nur von dem Manne an, den man liebt, um sich damit in seiner Gegenwart zu schmücken.

Solim. Können Sie unempfindlich seyn, bey den Martern, die ich fühle?

Elmire. (mit gezwungener Unruhe.) Vergeben Sie! — Ich darf — ich kann nicht.

Solim. Elmire! — Sie reisen wirklich?

Elmire. Ja! — Nein! (zärtlich.) Ich nehme ihre Geschenke an.

Solim. Welch ein Glück!

Elmire. Der Zwang fällt mir zu schwer. Wer sich lange verstellen kann, liebt nur schwach. Die Zeit, die man der Verstellung widmet, ist ein Raub, den man an dem Geliebten begeht. Ja Soliman! mein Herz liebte Sie von dem ersten Augenblicke an, da ich Sie sah. — Entflossen meinen Augen manchmal Thränen, so öffnete nur die Furcht, ihr Herz zu verlieren, deren Quelle.

Solim. (mit einem Tone, der mehr sein Erstaunen, als seine Zufriedenheit ausdrückt.) Ich hoffte nicht sobald glücklich zu werden. (für sich) Osmin hat es errathen.

Elmire. (drückt während des sehr kurzen Rittornells durch Gebährden ihre Freude aus.)

Elmire.

Ich besitze deine Liebe,
  Für dich brennt mein Herz so heiß,
Diese wechselseit'gen Triebe
  Zaubern mich ins Parades.

Soliman.

Amors sanfte Zaubertriebe
  Machen seelig und vergnügt,
       (halb für sich)
Wird das Hinderniß der Liebe
  Stuffenweise nur besiegt.

Elmire.

Theurer Sultan!

Soliman.

    (gezwungen zärtlich bis ans Ende.)
Lebens Sonne!

Elmire.

Du mein Alles!

Soliman.

Du mein Glück!

Beyde.

Ganz berauscht von Götter-Wonne
  Macht mich dieser Augenblick.

Ein Singspiel.

Elmire.

Zähren näßten meine Wange
Dacht' ich, daß ich scheiden soll.

Soliman.

Und mein Herz schlug mir so bange;
Dacht ich an das Lebewohl.

Beyde.

Keine Macht soll ferner trennen
Unsrer Liebe schönes Band;
Ewig kann ich mein dich nennen
Ewig dein ist diese Hand.

(Elmire mit den Sklaven ab.)

Siebenter Auftritt.

Soliman, Osmin.

Solim. (bleibt in Gedanken vertieft; unmuthig stehn.)

Osmin. (Nach einer kleinen Pause.) Gnädigster Herr! — Ich wünsche ihnen Glück. Sie sind, wie ich sehe, ganz entzückt.

Solim. Ich hätte es nie geglaubt, daß ihr Herz sich sobald ergeben würde.

Osmin. Ist das bald, da Sie sich einen ganzen Monat geweigert hat? Sie ist bey meiner Ehre! die Einzige. Jede andere würde mit der Übergabe ihres Herzens nicht so lange gewartet haben.

Solim. Osmin! wenn Sie mehr ehrsüchtig als zärtlich wäre, ihre Blicke verriethen mehr Stolz als Liebe. — Ich habe bey ihr diese wahre Unruhe, jene ungekünstelte Freude nicht

B

wahrgenommen, welche der wahre Beweis einer
aufrichtigen Liebe sind.

Osmin. Einbildung gnädigster Herr!

Solim. Ich wünsche, ich hätte mehr Schwierigkeiten zu übersteigen gehabt. Mein Glück stufenweise bereiten — es erwarten müssen; jezt hoffen zu erlangen; — jezt fürchten zu verlieren. Weigerungen bekämpfen, und nach und nach überwinden. — Wie sehr wird dadurch das Vergnügen der Liebe gewürget. — Ich werde nun von Elmiren geliebt, und alle Hindernisse hören auf. Warum hat sich ihr Herz nicht noch länger verstellt. Ihre Zärtlichkeit gewährt mir jezt nur einen leichten Sieg, der für mich nichts Anzügliches hat.

Osmin. Nun haben wir es weit gebracht! Aber gnädigster Herr! Kann man Ihnen denn lange Zeit widerstehen? Gibt es irgendwo widerspenstige Weiberherzen, besonders gegen einen Monarchen, und gar in diesem Lande, wo eine wahre Hungersnoth an Männern herrschet?

Solim. Soll ich denn nichts, als gefällige liebkosende Maschinen sehn!

Wenn ich ein Weibchen fände,
  Nur eines in der Welt,
Das jene Kunst verstände,
  Wie es sich neu erhält,
Nie ganz — nur halb erhöret,
  Mit falschen Zorn oft dräut,
Und weil es stets sich wehret,
  Dem Kusse Reiz verleiht. —

Nur immer seufzend klagen,
 Und stets nur zärtlich seyn,
Schafft Ekel statt Behagen,
 Und schläffert uns nur ein.
          (Er will abgehen, da tritt ein)

Achter Auftritt.
Vorige, ein Sklave.

Sklave. Großmächtigster Sultan! Elmire bittet um die Gnade, daß der Glanz Eurer Majestät ihr Zimmer erleuchten möchte.

Solim. Sag ihr, ich werde kommen (Sklave ab.) Wie fürchte ich mich vor ihrer Zärtlichkeit. — Begleite mich! — Osmin! — lieber Osmin!

Siehst du meinen Geist oft trübe,
 Schleichet träg des Blutes Lauf,
Schlafe ich vor lauter Liebe,
 O dann wecke schnell mich auf.

Osmin.
Geben zärtliche Gefühle
 Ihrer Liebe Opium,
Weck ich sie durch Tanz und Spiele,
 Gut ist das Remedium.   (beyde ab.)

Neunter Auftritt.

(Ein prächtig meublirtes Zimmer nach türkischer Art. Elmire sitzt von vielen Sklavinnen bedient, in einem sehr reichen türkischen Anzuge auf samtnen Polstern.)

Beginnt Aurora die Berge zu mahlen,
 Verhüllet der silberne Mond sein Gesicht,

Allein deiner Schönheit hellflammende Strahlen
Verdunkeln der Sonne goldfarbiges Licht.

Zehnter Auftritt.
Vorige, Soliman, Osmin.

Elmire. (steht auf, gibt den Sklavinnen einen Wink, die sich entfernen, und geht dem Sultan entgegen.) Verzeihen Sie, daß ich Sie zu mir bemühte. Ich wollte ihr Urtheil über dieses Kleid, das ich gewählt habe, vernehmen. Gefällt ihnen die Farbe, so steht sie mir auch am besten. (kleine Pause) Sie schweigen? — Wie finden Sie mich denn in diesem Anzuge? —

Solim. (zerstreut.) O immer anbethenswerth.

Elmire. Das entzückt mich; denn ich wünsche nur Ihnen zu gefallen.

Solim. (sucht sich zu sammeln.) Sie dürfen bey so vielen Reizen, nie an der Wirkung ihres Puzes zweifeln.

Elmire. Ich habe die zärtlichste Farbe bey dem Kleide gewählt — weil ich wollte, daß sie mit meinem Herzen übereinstimmen sollte.

Osmin. (für sich) Sie fängt schon an seiner Liebe Opium einzugeben.

Elmire. Alle meine Sinne sind jezt nur einzig und allein damit beschäftiget, ihnen zu gefallen.

Solim. (unterbricht sie) Elmire!

Elmire. Ach lassen Sie mich es tausendmal wiederhohlen, daß ich Sie anbethe. — Wer verdient auch mehr, daß man ihn liebt, als Sie? So viele Tugenden, die bey ihnen hervorleuchten.

Solim. (Mit einiger Ungebuld.) Elmire! — Schmeicheln sie mir doch nicht so sehr.

Elmire. Das Lob beunruhiget Sie. — Wer es fürchtet, der verdient es. Sie werden mir dadurch nur immer unschätzbarer.

Solim. (verdrüßlich.) Können Sie mir nichts anders sagen.

Osmin. (welcher gewahr nimmt, daß Sollman anfängt verdrüßlich zu werden, leise zu Soliman.) Bekommt ihre Liebe schon die Schlafsucht? (laut.) Befehlen Sie einige Lustbarkeiten gnädigster Herr?

Solim Ja! — Man soll alsogleich ein Fest für meine Sultanin bereiten.

Elmire. Wozu ein Fest? Die Liebe ist sich selbst genug.

Solim. Osmin! — laß die neue Sängerinn kommen.

Osmin. Sie soll augenblicklich erscheinen. (geht ab.)

Eilfter Auftritt.

Soliman, Elmire.

Solim. Sie sind doch eine Freundin der Musik?

Elmire. Untersuchen Sie nicht meinen Geschmack. Der Ihrige ist auch der meinige. Sie hochschätzen, Sie lieben ist mein einziges Vergnügen.

Solim. (mißvergnügt und zerstreut.) Setzen

Sie sich Elmire! (beyde setzen sich.) Wenn ich glauben darf, was man mir von Deliens Stimme gesagt hat, so wird sie uns Vergnügen machen.

Zweyter Auftritt.
Vorige. Delia.

Delia (tritt furchtsam ein, und bleibt am Eingange stehen)

Solim (indem er Delien aufmerksam betrachet.) Sie ist sehr schön.

Elmire. (beleidigt, mit beissenden verächtlichen Tone.) Die gemahlten Augenbraune erheben in der Ferne ihre Züge, doch verliert sie in der Nähe.

Solim. (zu Delien) Tritt näher!

Delia (geht bis mitten auf die Bühne, und kniet mit einem Fuße vor dem Sultan nieder.) Auf deinen Befehl Herr stellt sich Delia hier ein.

Solim. (kaltsinnig.) Steh auf und singe!

Delia. (indem sie aufsteht) Verzeih! — ich zittere. — Laß deine Seele voll Nachsicht gegen deine Sklavin seyn. (etwas furchtsam)

Wenn dein Arm die Waffen schwinget,
   Dann erbebt der Erde Ball,
Und der Weiber Herz bezwinget
   Deiner Augen Feuerstrahl.

Solimann
(der Delien aufmerksam beobachtet hat, stehet rasch auf, für sich.)
Wie entzücket dieser Kehle
   reine Silberklang!

Ein Singspiel.

Götterwonne fühlt die Seele
Bey dem zaubrischen Gesang.
(beobachtet sie immerfort.)

Elmire
(welche gleichfalls mit Solimanen zugleich aufstand, ihm schmeichelnd.)
Mars kämpft nicht mit größerm Glücke,
Amor kann nicht schöner seyn.
(für sich, da Soliman auf sie nicht achtet.)
Ha! es sehen seine Blicke
Diese Sklavin nur allein.

Soliman
(zärtlich zu Delien.)
Laß dir meine Blicke sagen,
(zeigt auf sein Herz)
Welch Gefühl hier jetzt erwacht.

Delia.
(muthiger und vergnügt)
Darf es deine Sklavin wagen,
Singet sie der Liebe Macht.

Elmire
(rasch einfallend) Schon genug!

Delia.
Wie sie befehlen. (will sich traurig entfernen.)

Soliman
(hält sie zurück) Bleib!
(zu Elmiren) Sie singet gar zu gut.
(beschäftigt sich mit Delien.)

Elmire (für sich.)
Beyden muß ich nur verhehlen,
Wie vor Galle kocht mein Blut.

Delia.
(furchtsam zu Soliman)
Soll ich Herr das Lied beginnen.

Soliman.
Singe!

Elmire.
Schweig!

Delia zu Soliman.
Was wünschest du?

Soliman
(voll Liebe zu Dellen)
Ließ den Wunsch in meinen Mienen.

Elmire.
(voll Verdruß zu Sollmanen)
Nun — so hören Sie ihr zu!

Delia (vergnügt und zärtlich)
Von der Liebe?

Elmire (für sich)
Die Syrenne!

Soliman
(äußerst zärtlich zu Dellen)
Wie entzückend muß es seyn,
Flößen deine Zaubertöne
Liebe einem Herzen ein.

Delia und Soliman.
Liebe ist der Freuden größte,
  Sie verschönert Flur und Hayn,
Ohne Liebe sind Palläste
  Finstre, öde Wüsteneyn.

Elmire.
Ha! in dem verschmähten Herzen
  Wüthen alle Furien,
Fort! sie sollen meine Schmerzen,
Und nicht meine Thränen sehn.   (ab.)

Dreyzehnter Auftritt.

Soliman, Delia.

Solim. (dessen Blicke nur an Delien hangen, bemerket nicht Elmirens Entfernung.) Reizende Delia! welche unbeschreibliche Wonne sang deine Zauberstimme in mein Herz. Ich fühle die Macht der Liebe erst, seit ich dich singen hörte — doch ich vergesse, daß Elmire — (sieht sich um.)

Delia. (mit heimlicher Freude.) Sie verließ eben, wie es schien, sehr aufgebracht das Zimmer.

Solim. Und ich ward es nicht gewahr? — Das ist die Wirkung des Entzückens, in das mich deine Stimme gezaubert hat.

Vierzehnter Auftritt.

Vorige. Osmin.

Osmin. Die Ungezogenheit der kleinen Sklavin ist nicht länger auszuhalten. Sie kneipt einem mit lachendem Munde; sie ist boßhaft mit der größten Munterkeit; sie scherzet selbst dann, wenn Sie vor Zorn zerplatzen möchte, und kennet weder Zwang noch Ansehn.

Solim. Alles, was ich täglich von ihr höre, reizet meine Neugierde sie zu sehen.

Osmin. Sie ist außerordentlich verwegen.

Solim. Was hat sie aufs neue verbrochen?

Osmin. Weil sie heute mit den Odaliken zur Wahl einer Favorit-Sultanin aus Eigensinn nicht wollte erscheinen, so verbot ich ihr zur Strafe, das Zimmer zu verlassen. Sie anstatt sich vor meinem Befehl zu beugen, nahm mich ganz höflich beym Arm, stieß mich zur Thüre hinaus, und lachte herzlich, da ich vor Zorn tobte. Doch, das war noch nicht genug. Um zu zeigen, wie wenig sie meinen Befehl verehrt, folgt sie mir auf dem Fuß nach, um sich über mich zu beschweren. (Marianne trillert von innen.) Da ist sie schon.

Fünfzehnter Auftritt.

Vorige. Marianne.

Die Männer sind geschaffen
Als Spielzeug für das Weib,
Sie dienen statt der Affen
Zu unserm Zeitvertreib. —

Mar. Dem Himmel sey Dank! Endlich sieht man doch eine menschliche Figur. Sie sind also der große Sultan, der die Ehre hat, daß ich sein Sklavin bin? — Hören Sie, seyn Sie doch so gut, und jagen sie auf der Stelle die Nachteule fort. (auf Osmin zeigend.)

Osmin. Der Anfang ist vortreflich.

Mar. (zu Osminen, indem sie ihn beym Arm nimmt, und fortschiebt.) Fort! fort! Geh deiner Wege, und befreye uns von einem häßlichen Anblicke.

Solim. (Angenehm betroffen von Mariannens Munterkeit mit gezwungenem Ernste.) Marianne? begegnen sie mit mehr Achtung dem Diener, der die Befehle eines Herrn ausrichtet, dem alles schweigend gehorchen muß.

Mar. Hahaha!

Solim. Hier sind Sie nicht in Deutschland. Gehorchen Sie! Man ahndet streng im Serail jeden Ungehorsam!

Mar. Man höre, wie artig ein Sultan spricht? — Reden Sie allzeit in diesem Tone mit den Mädchen, wenn Sie wollen von ihnen geliebt seyn? (auf Osminen deutend) Daß ist das Organ ihres Willens? diesen Pavian mit dem altfränkischen Gesichte sollen wir verehren? — Was sie da für eine gute Wahl in diesem Meerwunder getroffen haben! — (lachend.) Hören Sie, wenn sie ihn dafür bezahlen, daß er Sie verhaßt machen soll, so stiehlt er ihnen seine Besoldung wahrhaftig. Der Popanz brummt unaufhörlich mit uns, ist eifersichtig auf jeden Schatten, und das nicht einmal für sich selbst. — Ha! ha! ha! Wie er gestern so toll war, daß ich allein in dem Lustwäldchen spazieren gieng? — Sagen Sie, geschah das auch auf ihren Befehl?

Solim. Ganz gewiß hab ich es verbothen.

Mar. Und warum? Was kann denn da Böses geschehen? Fürchten Sie etwan, daß es Männer regnen möchte? Nun das wäre auch kein grosses Unglück wenn es geschehe. In der Lage, worinn wir Mädchen in der Türkey uns befinden, könnte der Himmel schon einmal so ein Wunder thun.

Osmin. Nun hören Sie es gnädiger Herr! was sagen Sie dazu?

Solim. (Heimlich zu Osminen, indem er beſtändig Mariannen betrachtet.) Welch ein munterer Geiſt! — was für Feuer in ihren Blicken.

Mar. Wie ſie reden heimlich? — Ich will es Ihnen als Freundin ſagen, das zeiget von der ſchlechteſten Lebensart.

Solim. Marianne!

Mar. Statt daß Sie mit dem Uriansgeſich= te reden, ſo hören Sie lieber mich an. Ich will mir die Mühe geben — Wenn Sie mich recht ſchön bitten — einen recht vollkommenen Sul- tan aus ihnen machen.

Solim. (lächelnd.) Das wollten Sie?

Marian. Ja. — Fürs erſte müßen ſie ein= ſehen lernen, daß Sie gar kein Recht haben, uns zu tyranniſiren. Die Männer ſind nur auf der Welt, um uns zu gefallen. Suchen Sie alſo ſich bey uns recht beliebt zu machen.

Soliman. Und wie kann ich das?

Marian. Anſtatt daß Sie dieſen traurigen Pavian zum Spion aufſtellen, ſo ſetzen Sie an deſſen Stelle einen jungen, wohlgebildeten, liebenswürdigen Janitſcharen = Aga, der ſich alle Morgen nach unſern Wohlbefinden erkundiget, und Plane zu unſerem Vergnügen, zu Spielen und Ergötzlichkeiten entwirft.

Soliman. Das erlauben nicht unſere Sitten.

Marian. Das ſind abſcheuliche Sitten, die ſie abſchaffen müßen.

Solim. Da würden ſich ungeladene Gäſte mit einſchleichen.

Marian. Welche Ihnen nicht gefährlich wer=

den, so bald Sie ihre Weiber wie Damen, und nicht wie Sklavinnen behandeln. Seyn Sie gegen alle artig, und nur gegen eine zärtlich. Suchen Sie Gefälligkeiten zu verdienen, nicht herrisch zu erzwingen, und Sie werden mehr erhalten, als durch Befehle. Da haben Sie meinen ersten Unterricht, machen Sie sich denselben zu Nutzen. (ab.)

Sechszehnter Auftritt.

Vorige, ohne Marianne.

Osmin. Vortreflich? Sie spricht als Gebietherinn mit ihnen.

Delia. Befiehlst du großmächtigster Sultan, daß ich noch etwas singe?

Solim. (trocken.) Nein! man wird es dir wissen lassen, wenn ich dich hören will.

Delia (für sich im Abgehen.) Er redet in einem sehr hohen Ton. — Er bedarf schon wieder eines neuen Unterrichts. (ab.)

Osmin. Herr! Soll ich die widerspänstige Sklavin ihrer Frechheit wegen strafen?

Solim (zerstreut.) Sie ist ein Kind. — Man muß sie entschuldigen.

Osmin. Ich fürchte, das Kind wird den Sultan in die Schule schicken, wenn man solche Unarten an demselben duldet.

Solim. Du hast Recht. — Ich will selbst mit Marianne reden.

Osmin. Und —

Solim. (mit Vergessenheit.) Ihr mein Herz — meine Liebe antragen.

Osmin. Eine schöne Strafe.

Solim. (sich fassend) Nur aus Scherz — um zu sehen, wie Sie diesen Antrag annehmen wird — Setz zu ihr! Sag ihr, ich lasse Sie zum Sorbet im Garten einladen. — Die Sklaven sollen auftragen.

Osmin. Ihre Befehle sind mir heilig. (ab.)

Siebenzehnter Auftritt.

Soliman.

Kaum trau ich meinen Sinnen!
Ein Weib darf das beginnen?
Zum erstenmal in meinem Leben
Will einer Sklavin Herz
Durch Bitterkeit und Scherz
Mir widerstreben!
Nie drang ein frevelhafter Ton
    In meine Ohren.
Noch stets war Zärtlichkeit mein Lohn,
    Von jedem Weib, was ich erkohren.
Nur die allein soll fühllos seyn?
    Unmöglich, nein.
Ich will sie näher kennen,
Sie muß für mich entbrennen,
Ihr Auge sprach zu treu,
Daß sie gefühlvoll sey.
Sie scherzt mit Herzenstrieben
Zum blossen Zeitvertreib.
Sie wird doch endlich lieben,
Denn sie ist ja ein Weib.

Ein Singspiel.

Achtzehnter Auftritt.

Ein prächtiger Garten.

Osmin, einige Sklaven, hernach Soliman.

Osmin (richtet hier alles in Ordnung.) Soliman wird gleich erscheinen (die Sklaven gehen ab und zu. Sie bringen einen kleinen viereckigten goldenen Tisch, ein kostbares porzelainenes mit Sorbet gefülltes Gefäß, einen goldenen mit Steinen besetzten Kredenzteller, zwey porzelainene Schalen, und einen Löffel mit einem seltenen indianischen Vogelschnabel, da alles bereitet ist, erscheint
Soliman (er setzt sich auf die Polster, ein Sklave überreicht ihm knieend eine angezündete lange Tabakspfeiffe. Soliman winkt, und die Sklaven entfernen sich Er rauchet wechselweise, indem er spricht:) Ich will hören, was Sie zu meinem Antrage sagen wird. Osmin bleibt lange. Ich brenne vor Ungeduld zu wissen, ob Sie kommen wird. — Ihr munteres Wesen gefällt mir und belustiget mich. — Wo nur Osmin so lange bleibt? — ach endlich ist er da. — Nun, was bringst du?

Neunzehnter Auftritt.

Soliman. Osmin.

Osmin. Ich habe ihren Befehl ausgerichtet.
Solim. Was hat sie geantwortet?
Osmin. Marianne lag auf dem Sopha. —

Solim. Nicht so viele unnütze Worte! — Auf den Sopha kommt es hier nicht an.

Osmin. Sie that, als schläfe Sie.

Solim. Weiter.

Osmin. Ich trat hinzu, und weckte sie.

Solim. Und dann?

Osmin. Sie öfnete die Augen, und rief ganz zornig — „Was will der alte Affe! das aufgeputzte Fratzengesicht? — damit meinte sie mich, — rieb sich dann die Augen, und kehrte mir den Rücken zu. Auf dieses höfliche Kompliment fieng ich an: Wonne des Lichts! ich komme auf Befehl des Sultans, den Staub ihrer Füsse zu küssen, und ihnen zu sagen, daß er sie im Garten auf dem Balkon erwartet, Sorbet mit ihm zu trinken.

Solim. (ungeduldig.) Verlange ich zu wissen, was du sagtest? — Wird sie kommen?

Osmin. Geh und sage deinem Sultan — erwiederte die Schöne — auf meinen Füssen sitzet kein Staub, und ich trinke keinen Sorbet.

Solim. (verdrüßlich.) Du hast deine Sache schlecht gemacht. Hättest du nicht erwarten können, bis sie erwacht wäre?

Osmin. Herr! Sie schlief ja nicht.

Solim. Oder bis sie hätte erwachen wollen.

Osmin. Da könnte ich lange vor ihr stehen. Ich glaube, wenn sie gemerkt hätte, daß ich auf ihr Erwachen warte, sie schlief bis an den großen Gerichtstag, nur um mich zu martern.

Ein Singspiel.

Solim. Wenn auch! — Man ist ihr doch
einige Achtung schuldig.

Osmin. Freylich, weil sie so viel Achtung
für uns hat.

Solim Sie ist zu entschuldigen. — Geh
noch einmal zu ihr, und —

Osmin Sie erspart mir den Weg — Da
kommt sie selbst.

Zwanzigster Auftritt.

Vorige. Marianne.

Solim. Verzeihen Sie Marianne! daß man
Sie in ihrer Ruhe gestört hat. — Es war nicht
mein Wille.

Mar. (artig.) Dann ist Ihnen schon verzie=
hen. — Aber wollen Sie wohl die Gefälligkeit
haben. (zeigt auf die Tobackspfeiffe.)

Solim. (welcher glaubet, Marianne bittet sich die
Pfeife zum Rauchen aus.) Mit Vergnügen, wenn
Sie rauchen wollen.

Mar. (Nimmt die Pfeife, und wirft sie auf die Seite)
Pfui! wer wird in Gegenwart eines Frauenzim=
mers Toback rauchen?

Solim. (steht voll Zorn auf.) Welche Frech=
heit? Hören Sie, Marianne! —

Mar. (ganz ruhig.) Gut, ich höre.

Solim In Deutschland bezeiget man sich
wohl durchaus so leichtsinnig.

Mar. Beynahe!

Solim. (besänftigt.) Aus Güte verzeih ich

Ihnen nicht nur diese Kühnheit, sondern ich vergesse auch alles, was Sie mir sagten.

Mar. Sie vergessen es? desto schlimmer!

Solim. Ich verlange Ehrfurcht.

Mar. Das ist noch weit ärger. — Wie soll man Sie denn bessern?

Solim. Mich bessern? Weswegen?

Mar. Weswegen? — Ich muß über die Sultane lachen. Sie denken, daß wir Frauenzimmer gegen Sie weiter gar nichts zu erinnern haben können. — — Lassen Sie uns den Zwang beyseite setzen; — Ich nehme Theil an ihrem Wohl. — Blos Freundschaft leitet mich. — Wenn es der Haß wäre, würden Sie noch mehr dabey gewinnen, denn der ist am aufrichtigsten. Die Freudschaft schläft oft, der Haß wachet immer.

Solim. (für sich) Sie setzt mich in Erstaunen. (zu Marianen) Wir wollen davon abbrechen.

Mar. (ehrerbietig) Sehr gerne, wenn die Wahrheit sie erzürnt.

Solim. Seyn Sie also in Zukunft klüger.

Mar. Es ist wahr. Ihr Ohr ist nur an Schmeicheley, nicht an Aufrichtigkeit gewohnt.

Solim. Noch immer! — Sie vergessen, wer Sie sind, und wer ich bin.

Mar. Sie sind ein großer Herr, ich bin ein artiges Mädchen, der Unterschied ist nicht gar zu groß.

Solim. In ihrem Vaterlande.

Mar. Warum bin ich nicht da!

Ein Singspiel.

Solim. Sie würden mich also mit Vergnügen verlassen?

Mar. Mit dem größten Vergnügen von der Welt.

Solim. Und wünschen also nicht mir zu gefallen?

Mar. Nein!

Solim. Sie sagen das —

Mar. Wie ich es denke.

Solim. Werden Sie mich niemals lieben können?

Mar. Niemals? — dafür will ich nicht gut stehen. Eigensinn — Laune — auch öfters lange Weile verleiten uns manchmal zu närrischen Streichen.

Solim. Nun wohl, ich erwarte alles von diesen Beherrschern des weiblichen Herzens. — Sie essen heute Abends mit mir.

Mar. Dazu habe ich keine Lust.

Solim. Ich glaube, es ist eine Ehre; Sie sollten — —

Mar. Sie sollten sich vielmehr die erniedrigende Wörter: Ehre und sollen abgewöhnen. Wörter, die uns zwar ihre Macht fühlen lassen, ihnen aber nicht die Eigenschaft zu gefallen verleihen.

Solim. Wohlan, ich will es thun.

Mar. Das heißt vernünftig handeln — Wir wollen nach der Ordnung gehen. Die Abendmahlzeit ist von gewissen Folgen, und so weit sind wir noch nicht. Die Bekanntschaft erst recht zu gründen, speisen Sie heute Mittag bey mir.

Solim. Mit Vergnügen. Osmin!

Mar. Ich muß anordnen.

Sol. Auch das. (Zu Osminen) Gehorche Mariannen.

Mar. Sie besorgen indessen ihre Regierungsgeschäfte. Wenn alles bereit ist, will ich es Ihnen sagen lassen.

Solim (betrachtet sie voll Verwunderung, verbeugt sich, und im Abgehen.) Welch ein Mädchen ist das?

Ein und zwanzigster Auftritt
Marianne. Osmin.

Mar. Melde dem Oberaufseher der Küche, daß ich den Sultan hier im Garten bewirthen will. Er soll eine ausgesuchte Mahlzeit nach deutscher Art bereiten, und so geschwind, daß wir gleich zur Tafel gehen können. Ferner sage Elmiren und Delien: der Sultan lade sie heute zu Tische. Aber lasse dich nichts merken, daß der Auftrag von mir kommt, selbst Solimann darf es nicht wissen. Dein Kopf haftet für alles.

Osmin (verneigt sich, im Abgehen) Beym Bart des großen Propheten, Sie verwirrt allen die Köpfe. (ab.)

Mar. Nur durch anscheinende Gleichgültigkeit kann Solimanns Herz mit dauerhaften Banden gefesselt werden. Wahre Liebe, nicht ein flüchtiger Geschmack soll ihn an mich ziehen, oder

Ein Singspiel.

Marianne wird seine Wünsche nie erhören. Für vorüber fliehende Fieberhitze ist mein Herz zu stolz.

 Man gewinnt nicht Mädchen Herzen
  Mit Gewalt und stolzen Dräun,
 Man muß artig mit uns scherzen,
  Sollen wir gefällig seyn.
 Wer als Herr uns will befehlen,
  Schleffet bey dem Ziel vorbey,
 Denn es haffen unsere Seelen
  Die Gewalt und Sklaverey.
 Mit uns tändeln, mit uns lachen,
  Schmeicheln ohne Unterlaß,
 Kann den Mann beliebt uns machen,
  Mein Herr Sultan merke das.
  (Marianne geht in den Hintergrund)

Zwey und zwanzigster Auftritt.

Einige Sklaven bringen einen gedeckten Tisch nach deutscher Art, drey Lehnstühle und einen Armsessel für den Sultan. Ein goldener Schwenkkessel wird auf die Erde gesetzt. Die Gläser stehen auf dem Tische, in dem Schwenkkessel sind Weinflaschen, da alles geordnet ist, entfernen sie sich.

Elmire. (Sie tritt ein, da die Sklaven sich entfernen.) Was mir Osmin heimlich anvertraut hat, beunruhiget mich. — Marianne meine Nebenbuhlerinn. — Ich will ein wachsames Auge auf sie haben. Ich fürchtete Delien. — Ich hatte Unrecht. Diese hat zu wenig Verstand; aber Marianne hat Witz, besitzt eine ausgelassene Munterkeit; gefährliche Reitze für die Männer. Ich muß Sie zu entfernen suchen.

Drey und zwanzigster Auftritt.
Elmire. Marianne.

Elmire (mißt Mariannen auf eine stolze und verächtliche Art mit den Augen.)

Mar. (die das bemerkt, lächelnd.) Wie finden Sie mich?

Elmire. Wie eine Person, die mir verhaßt seyn muß.

Mar. Das ist aufrichtig. (mit offner Gutmüthigkeit.) Kommen Sie, liebe Freundinn! umarmen Sie mich.

Elmire. Eine Natter, die mich vergiften will?

Mein Herz kann dich nur hassen,
   Du liebst den Soliman.
Marianne.
Sey deßhalb nur gelassen,
   Ich denke nicht daran.
Elmire.
Du willst mich untergraben,
   Die Favoritinn seyn.
Marianne (scherzend)
Du sollst den Sultan haben,
   Noch Osmin obendrein.
Elmire (spöttisch).
Dein Herz entsagt dem Throne,
Marianne.
Mich reizet keine Krone,
Elmire (forschend)
Du meinst im Ernste dieß?

Ein Singspiel.

Marianne.

Ja! glaube mir! — gewiß! —
Nur dann sind Amors Bande
Wie Rosenketten leicht,
Wenn uns von gleichem Stande
Ein Mann die Hände reicht.

Elmire (vor Freude ausser sich)

Ach lies in meinem Blick
Den Dank — mein ganzes Glück.

Beyde.

Laß einen Bund uns schwören,
Wir wollen Schwestern seyn,
Nichts soll die Freundschaft stöhren,
Kein Neid uns je entzweyn.

Vier und zwanzigster Auftritt.

Vorige. Delia.

Delia

(bleibt betroffen und schüchtern von Ferne stehen, da sie Marianne und Elmire sieht)
Meine Nebenbublerinnen,
(verdrüßlich) Ach was wollen diese da!

Marianne

(zu Elmiren, welche finster bey Dellens Ankunft stehet.)
Weg mit diesen ernsten Mienen!
(nimmt Dellen bey der Hand.)
Näher schöne Delia!

Delia.

Demuth steht dem Weibe an.

Elmire.

Stillen Ernst liebt Sollman.

Marianne.

Munterkeit gefällt dem Mann.

Elmire und Delia.

Die Natur schuf Weiberseelen
Freundin ihrem ⎫
Unterthan dem ⎭ Mann zu seyn.

Marianne.

Allen Männern zu befehlen,
Ist des Weibes Recht allein. — — —

Delia und Elmire.

Selbst ein Tieger muß sich schmiegen
Vor der Schönheit Zaubermacht;
Helden selbst im Staube liegen,
Wenn des Weibes Auge lacht.
Selbst ein Tieger muß sich schmiegen
Vor des Mannes Riesenkraft,
Vor dem Mann im Staub zu liegen
Ihren Gatten zu vergnügen
Ist des Weibes Eigenschaft.

Mar. Mit solchen Grundsätzen verderben sie die Männer. Lassen sie mir den asiatischen Überwinder nur einige Tage in der Schule, und sie sollen ihn so artig wie einen Deutschen zurückerhalten. — He Sklaven! (ein Sklave kommt) Der Groß-Sultan kann erscheinen. (Der Sklave geht ab.) Weg mit dem spanischen Ernste! Die Mahlzeit muß munter seyn; je unbesonnener, desto reitzender sind wir. Die Vernunft ist schön, aber sie macht oft lange Weile.

Ein Singspiel.

Fünf und zwanzigster Auftritt.

Vorige. Soliman. Osmin.

Solim. (erblickt Elmiren; für sich) Himmel! da ist Elmire! (zu Mariannen.) Ich hoffte, daß ich Sie allein finden würde. (sieht Delien.) Auch Delia hier?

Mar. (leise scherzhaft.) Es sind die Gegenstände, für welche ihr Herz seufzet. (laut.) Grüßen Sie doch die Damen.

Solim. (verbeugt sich.)

Mar. Ein bischen tiefer. (Er bückt sich tiefer.) So ist es recht. Das haben Sie schon gelernt. (zu Elmiren und Delien.) Sie sehen hier einen angenehmen Gesellschafter. Er ist zwar noch nicht ganz ausgebildet, aber er wird es schon noch werden.

Elmire. Der Einfall war ein bischen zu stark. Bedenken Sie, Marianne —

Solim (zu Elmiren.) Lassen Sie es gut seyn! — Mariannens Munterkeit belustiget mich.

Mar. (zu Osmin) Mach Anstalt, daß aufgetragen wird.

Osmin. (ab, einige Sklaven bringen allerley Gerüchte, und gebratenes Geflügel. Mit ihnen kommt zugleich der Vorschneider mit einem langen Messer.)

Mar. (zu Soliman, indem sie ihn zum Tische führt.) Setzen Sie sich. (zu Elmiren und Delien) Sie nehmen auf beyden Seiten Platz. Dieser Stuhl ist für mich; denn ich bin die Frau vom Haus.

Solim. (erstaunt, eine Tafel nach deutscher Art gedeckt zu sehen.) Was ist das für eine Zurüstung?

Mar. Eine Mahlzeit nach deutscher Art. Sie werden damit zufrieden seyn.

Solim. (setzet sich Elmire zu seiner Rechten, Delia zu seiner linken Seite. Marianne setzet sich neben Delien, doch etwas weiter vor. Alle Bediente stehen um die Tafel herum. Der Vorschneider kommt die Speisen zu zerlegen.)

Mar. Was will der Kerl mit seinem langen Messer?

Solim. Es ist der Vorschneider.

Mar. Pfui, die Damen werden dieses Amt verrichten. (zu Elmiren, der sie ein Geflügel überreicht) Zerlegen Sie, Elmire.

Solim. Die Mode gefällt mir. (zum Vorschneider.) Ich schaffe dich ab.

Vorschneider. (mit einem verdrüßlichen Gesichte auf Mariannen blickend, ab.)

Mar. (zu Delien) Und Sie werden Seiner Hoheit zu trinken einschenken. (zu Osminen.) Gieb Wein her.

Solim. (erstaunt.) Wein!

Osmin (mit noch mehr Erstaunen.) Wein!

Mar. Ja, Wein! er ist der Vater der Freude, und die Seele des Vergnügens.

Osmin. (nimmt die Weinflasche mit dem Ende seines Kleides, und setzet sie mit gewandtem Gesichte auf dem Tisch.)

Mar. (zu Osmin.) Was soll die Verachtung bedeuten? Zur Straffe sollst du das erste Glas trinken. (sie schenkt ein Glas voll, und giebt es ihm.) Da, trink!

Ein Singspiel.

Osmin. Ich dieses verhaßte Getränke kosten? (weigert sich es anzunehmen.)

Mar. (zu Sollman.) Er will nicht gehorchen.

Solim. (zu Osmin.) Trink.

Osmin. Himmel! ich zittere. — Herr! — Ein Muselmann! —

Solim. (herrschend.) Gehorche, Sklave!

Osmin (nimmt das Glas, hebt die Augen gen Himmel, macht widrige Gebärden, und sagt, ehe er trinkt.) O Muhamed! sieh nicht her. (für sich, nachdem er getrunken hat.) Er schmeckt vortrefflich. (zu Mariannen.) Ich bin bereit, noch öfters zu gehorchen. (reicht das Glas mit einer Miene hin, daß man ihm noch einmal einschenken soll.)

Mar. (zu Osmin.) Schon gut! — (zu Delien.) Schöne Delia, schenken Sie dem Sultan ein. — Elmire, geben Sie sein Glas her.

Solim. Verschonen Sie mich.

Mar. Ich verstehe. (Sie giebt dem Bedienten ein Zeichen, alle entfernen sich bis auf Osmin.) Entfernet Euch! (zu Sollman) Ich bin sehr für den Wohlstand. (Sie trinkt.) Auf ihre Gesundheit.

Elmire (zum Sollman.) Sie werden uns doch Gesellschaft leisten?

Solim. Ich muß heute gehorchen. (Sie trinken alle Viere.)

Osmin (ergreift in diesem Augenblicke die Flasche, und trinkt heimlich daraus.)

Mar. Das ist die Art uns zu gefallen. (Zu Delien.) Sie sagen ja gar nichts?

Delia. (Schüchtern.) Ich — ich weiß nichts zu sagen.

Mar. Ey, was thut das. Reden Sie nur. Ein schöner Mund entzückt, wenn er auch von Nichts spricht. — Man hat bey uns niemals mehr Verstand, als wenn man nicht weiß, was man sagt. (Zu Soliman.) Und Sie werden ja auch nichts mit dem Gegenstande, der Sie entzückt. (Deutet auf Elmiren.)

Solim. (für sich.) Sie will mich aufziehen, aber ich werde Sie bezahlen. (laut) Elmire verdient meine Liebe. Ihre Reitze —

Elmire. Das sind schwache Verdienste. Nur meine aufrichtige Liebe, meine Zärtlichkeit —

Mar. Ach jetzt wird die Unterhaltung langweilig. — Osmin! Laß die Sklaven und Sklavinnen und die Musik kommen.

Osmin (giebt ein Zeichen, alle Odalisken und eine Menge Sklaven mit Instrumenten treten ein.)

Mar. Weg mit dem abscheulichen Katzengeheule! Wir wollen singen: Das ermuntert den Geist. (Alle stehen auf, die Sklaven tragen Tisch und alles fort.

Alle ausser Soliman.

Den Sultan zu verehren
Stimmt Jubellieder an,
Und preißt in frohen Chören,
Den grossen Soliman.

Chor der Weiber.

Das Weib ist zu beneiden,
Das seine Gunst beglückt,
Es wird durch Götter Freuden
Ins Paradies verzückt.

Ein Singspiel.

Chor der Männer.
Ein Schrecken seiner Feinde
Ist seine starke Hand,
Doch bleibt er treu dem Freunde;
Ist Vater seinem Land.

Alle.
Vor seinem Namen ballet
Die Erde um und um,
Und späten Enkeln schallet
Noch seiner Thaten Ruhm.

Soliman.
(verbindlich zu Marianne.)
Dein Lob schwellt jede Sehne,
Und hebt das Herz empor;
(zärtlich) Doch sanfter schallen Töne
Der Liebe meinem Ohr.

Marianne.
Du willst ein Lied von Liebe?
(zu Elmiren und Dellen.)
So stimmen Sie mit ein!
Sie kennen diese Triebe
Und Amors Tändeleyn.

Elmire und Delia zu Soliman.
Verlangt es Soliman.

Marianne.
Wer auch so fragen kann!

Marianne. Elmire. Delia.
Tändeln und scherzen
Kappert die Herzen,
Folg deinem Triebe
Und dem Geschick?
Willst du gefallen
Schmeichle nicht allen,
Eine nur liebe,

Das bringet Glück.
Eine giebt Freuden,
Viele nur Leiden,
Fünfhundert Frauen,
Das führt zu weit.
Liebe bescheiden,
Denke bey Zeiten!
Einer vertrauen
Bringt Seeligkeit.

Soliman.
(der nur auf Mariannen horchet)
Deine sanften Ketten tragen,
Welch ein seliges Behagen,
Welches Göttergleiche Loos!

Marianne.
(etwas ernsthaft zu Soliman)
Der sich selbst so wenig achtet,
Und in Weiberketten schmachtet,
Dieser Mann ist niemals groß.

Soliman.
(voll Verwunderung)
Marianne! — Ich erstaune. —
Mädchen! — Ich begreife nicht —
Ist das Ernst, ist das nur Laune,
Was aus deinem Munde spricht.

Marianne (scherzhaft.)
Jeden Tag in Liebes=Wahne
Sanft verträumen darf das Weib,
Aber Liebe sey bem Manne
Nur ein bloßer Zeitvertreib.

Soliman
(hingerissen von Entzücken für sich.)
So viel Reiz mit Geist verbunden —
Welches Herz blieb da wohl frey?

Ein Singspiel.

(er siehet, ob ihn Elmire und Delia bemerke. Und da erstere mit Osmin redet, durch Zeichen beyde ihren Verdruß ausdrücken, daß Soliman Ohr und Zunge nur für Mariannen hat, letztere aber schüchtern mit an den Boden gehefteten Augen da stehet, so nimmt er geschwind einen kostbaren Ring von seiner Hand, den er an seinen Finger trägt.)

(zu Mariannen)

Mädchen! ich bin überwunden,
(giebt ihr den Ring)
Nimm das Zeichen meiner Treu.

Marianne
(nimmt den Ring, und giebt ihn lächelnd Delien)

Dieser Ring gehöret Ihnen,

Soliman voll Zorn.

Wie verwegen!

Delia.

(küßt entzückt den Ring, und neigt sich gegen Soliman.)

Welch ein Glück!

Elmire

(die den Ring in Deliens Händen erblickt.)

Ach Osmin! (sinkt ins Osmins Arme.)

Osmin.

Ich bin von Sinnen.

Soliman.

Welcher Schimpf.

Marianne zu Soliman.

Was zürnt dein Blick?

Soliman.

Galle macht mein Auge trübe,
Zorn und Wuth die Wange glühn —
Dieses Zeichen meiner Liebe
Reicht sie einer andern hin.

Elmire.
Rache macht mein Auge trübe
Eifersucht die Wange glühn,
Dieses Zeichen seiner Liebe
Reicht er einer andern hin.

Delia.
Freude macht mein Auge trübe,
Wonnetrunken ist mein Sinn,
Dieses Zeichen seiner Liebe
Machet meine Wange glühn.

Marianne (auf Soliman deutend.)
Galle macht sein Auge trübe,
(auf Elmiren) Rache ihre Wange glühn.
Bey dem Zeichen seiner Liebe
    (auf Delien.)
Taumelt ihr berauschter Sinn.

Osmin.
Meine Augen werden trübe,
Ich weiß nicht mehr, wo ich bin,
Es verwirret doch die Liebe
Allen Menschen Herz und Sinn.

Soliman.
(reißet Delien den Ring aus der Hand, und giebt ihn
    Elmiren.)
Nimm Geliebte! und verzeihe! —
Dieser Ring gehört für dich.
Brech ich jemals meine Treue,
Treffe Gottes Donner mich.

Elmire.
(nimmt den Ring voll Entzücken.)
Dieses Zeichen deiner Gnade,
Sey der Herzen ew'ges Band,
Weichst du von der Treue Pfade,
Strafe dich Gott Amors Hand.

Ein Singspiel.

Marianne (lacht über beyde.)
Soliman.
(zu Mariannen zornig.)
Fort Verwegne! du sollst schmachten
In des Kerkers finstrer Nacht.
Marianne
(mit eblem Stolze und entschlossen.)
Wer den Tod weiß zu verachten
Fürchtet keines Sultans Macht.
Soliman (zu Osmin.)
Fort! lege sie in Ketten,
Die Verwegne, die mich höhnt,
Selbst ein Gott soll sie nicht retten!
Ewig bleib ich unversöhnt.
Elinire. Delia. und Osmin.
Ja sie büsse in den Ketten,
Die Verwegne, die dich höhnt,
Nichts soll diese Sklavin ret'en,
Niemals sey dein Herz versöhnt.
Alle.
Fort! verschmacht an jenem Orte,
Wo kein Sonnenstrahl ihr lacht,
Bis des Schicksals Hand die Pforte
Öfnet zu der Todesnacht.
Marianne (ruhig lächelnd.)
Ruhig harr ich an dem Orte
Wo kein Sonnenstrahl mir lacht,
Bis des Schicksals Hand die Pforte
Öfnet zu der Todesnacht.

(Marianne wird von Osmin, und von 4 schwarzen Verschnittenen abgeführt, die übrigen gehen, jeder mit dem Ausdrucke seiner Gemütsstimmung von verschiedenen Seiten ab.)

Ende des ersten Aufzugs.

Soliman der Zweyte.

Zweyter Aufzug.

Erster Auftritt.

Prächtiges Cabinet des Sultans.

Elmire.

Hier soll ich Soliman erwarten!
Mich foltern Marter aller Arten
Es ist nur zu gewiß, er liebt sie noch,
Sein Herz trägt der Verhaßten Joch.
Zur Sultanin erhob mich nur sein Stolz allein,
Marianne hat sein Herz, das mehret meine Pein.

Schenkt er mir nur seine Krone,
Und das Herz nicht auch zugleich,
Steig ich lieber von dem Throne,
In der Hölle Schattenreich. —
Selbst die Taube will genießen
Ungetheilt des Gatten Treu.
Und ich sollte sehen müssen
Daß sein Herz getheilet sey. —
Nein! eh morden meine Hände —
Eh ich soll verschmähet seyn!
Drohte selbst der Schöpfung Ende —
Ungetheilet sey er mein.

(will abgehen, da tritt ein)

Ein Singspiel.

Zweyter Auftritt.
Osmin. Elmire.

Elmire (da sie den Osmin sieht, kehrt um.) Was bringst du Osmin? — Liebt mich Soliman, oder hat meine Nebenbuhlerinn gesiegt?

Osmin. Solimann liebet Elmiren, und hasset die verwegene Deutsche.

Elmire (freudig.) Ist das wahr? — Osmin! für diese Bothschaft soll ein Beutel mit Gold dein Lohn seyn.

Osmin. Der Sultan folget mir auf dem Fuße nach, um Ihnen ewige Liebe zu schwören. — Ich höre ihn schon kommen.

Dritter Auftritt.
Vorige. Solimann.

Solim. (tritt nachdenkend und verdrüßlich ein.)

Elmire. Herr! — Geliebter Soliman!

Solim. (sieht Elmiren mißvergnügt, dann den Osmin an, und heftet seinen Blick wieder mit einem Seufzer an den Boden.)

Elmire (zu Osmin.) Dieses Betragen ist nicht der Beweis einer heftigen Liebe.

Osmin. Das müssen Sie nicht achten. Er hat vor Zorn ein Fieber bekommen, eben jetzt rüttelt ihn der Frost.

Elmire (zu Soliman.) Verdient Elmire keinen Blick, der die Ruhe in ihre Seele zurückführen könnte?

Solim. Ja! — Elmire — ich liebe Sie

(zu Osmin.) Bemerktest du Mariannens Blick voll edlem Stolzes mitten in ihrem Unglücke? Ihr Betragen erzwang meine Hochachtung. (zu Elmiren.) Ach! — Sie können vollkommen ruhig seyn.

Elmire. Mein Herz genießt nur dann der Ruhe, wenn ich ihre Liebe besitze.

Solim. Heute noch soll man erfahren, daß mein Herz nur Ihnen angehört.

Elmire. Wie glücklich macht Soliman seine Elmire!

Solim. Die Undankbare soll Zeuginn unsers wechselseitigen Glückes seyn, und Neid und Eifersucht täglich ihre Qual vermehren.

Elmire. Wir wollen nicht mehr dieser Unwürdigen denken.

Solim. Sie haben Recht. Sie verdient nicht, daß der Gedanke an sie nur eine Minute von unserm Glücke raubet. (zu Osmin.) Führe Mariannen hieher.

Elmire (unruhig.) Was soll die Sklavin hier?

Solim. Ihre Strafe fühlen, indem sie ihre jetzige Erniedrigung mit Elmirens Pracht vergleichet.

Elmire. Sie ist gestraft genug, wenn sie aus dem Serail verbannt wird — Geh Osmin, kündige ihr das an.

Osmin. Ich will ihr von Grund der Seele den Abschied geben. (will gehen.)

Solim. Bleib! — Diese Strafe wäre für meine Rache zu klein. Sie muß sehen, wie wir glücklich sind, und ihre Leiden sollen sich in dem Grade verdoppeln, als unsere Liebe wächst. — Bringe sie hieher. (Osmin will gehen.)

Elmire. (hält Osmin zurück.) Verziehe! — (Osmin bleibt.)

Solim. (gebiethend.) Gehorche Sklave! — (Osmin ab.)

Vierter Auftritt.
Soliman. Elmire.

Emire. So kann Soliman diese unwürdige Sklavin noch nicht vergessen?

Solim. Ich denke nur in so fern an sie, als mein Zorn der Strafen fürchterlichste erfinden möchte, um die Verwegne so zu züchtigen, wie sie es verdienet.

Elmire. Die größte Strafe für sie ist, wenn Soliman sie für unwürdig hält, ferner an sie zu denken.

Solim. Das will ich auch. Kein Gedanke an sie soll von nun an in meiner Seele Platz haben.

Elmire. Sie verdienet die größte Verachtung. — Ein leichtsinniges Geschöpf ist keiner wahren Liebe fähig. Zwar machen Munterkeit und Scherz beliebt, aber die Vernunft allein erwirbt Hochachtung.

Solim. Ach! so verdienet Marianne die Hochachtung der ganzen Welt. Ihre Vernunft strahlet bey allem ihren Muthwillen hervor, wie ein Blitz, der durch die finstere Nacht aus dem schwarzen Gewölke hervorschießt, und mit seinem Feuer blendet und betäubt.

Elmire. Soliman will Marianne strafen, und vertheidiget sie? Ich fürchte —

Solim. Was können Sie weiter fürchten? Sind Sie nicht erklärte Sultaninn?

Elmire. Mein Stolz ist befriediget, aber mein Herz? —

Solim. Soll es auch werden.

Fünfter Auftritt.
Vorige. Mariane. Osmin.

Mar. (gefesselt, nähert sich mit langsamen Schritten, und bedeckt das Gesicht mit der Hand.)

Solim. Tritt näher. (zeigt auf Elmiren.) Hier ist deine Gebietherinn. (zu Elmiren.) Sultaninn! diese Deutsche ist Ihre Sklavinn. Befehlen Sie über ihre Freyheit, über ihr Schicksal.

Elmire. Der Verlust Ihres Herzens, das sie nicht verdiente, soll ihre größte Strafe seyn.

Solim. (der ununterbrochen Mariannen betrachtet.) Ich erwache aus meiner schändlichen Trunkenheit. (zu Mariannen.) Du bist künftig der Gegenstand meiner Verachtung, so wie Elmire ewig mein Herz, und meine Liebe besitzen soll? (für sich.) Schaam und Schmerz wüthen in ihrer Seele. Sie dauert mich.

Mar (ziehet währens dem die Hand langsam vom Gesichte, und da Solimans Blick dem ihrigen begegnet, lacht sie laut auf.)

Solim. (erstaunt.) O Himmel! sie lacht.

Osmin. (für sich.) Beym Mahomet, die hat mehr Courage als ich.

Ein Singspiel.

Mar. Hahaha! — Verzeihen Sie, großmächtigster Sultan! aber ungeachtet der Hochachtung, die ich gegen Sie habe, muß ich doch lachen, hahaha!

Soliman (mehr gekränkt als zornig.)
Du sprichst mit kühner Stirne
Noch meinem Zorne Hohn. —
Ha! wisse, wenn ich zürne,
Ist Tod des Frechen Lohn.

Marianne
O Herr! — daß ich jetzt lache,
Das mußt du mir verzeihn,
Und drobt des Himmels Rache,
Ich kann nicht ernsthaft seyn.

Soliman und Elmire.
Verwegne! kannst du's wagen
Noch lange frech zu seyn!
Ha, Sklavin, dein Betragen
Soll dich gewiß gereun.

Osmin.
Mein Seel! das beiß ich wagen,
Noch jetzo frech zu seyn.
Ich wette dies Betragen
Wird sie am Ende reun.

Marianne (lacht.)
Ich kann mich nicht erwehren,
Und wann ich sterben müßt.

Soliman und Elmire.
Laß also gleich uns hören,
Was doch die Ursach ist.

Marianne.

Soll ich es euch erklären? —
Sehr gern! — wohlan — so wißt: —
(zu Elmiren)
Dein Herz glüht heiß vor Liebe,
(auf Soliman deutend)
Du betheſt ihn faſt an.
(zum Soliman)
Doch fühlet gleiche Triebe,
(auf Elmiren deutend)
Für ſie nicht Soliman.

Soliman und Elmire.

Wen } lieb ich?
     } liebt er?

Marianne.

Mich allein.

Soliman. Elmire.

Dich?

Marianne.

Ja mich.

Soliman.

Die ich haſſe!

Marianne.

Dein Zorn iſt nur Grimaſſe.

Osmin.

Sein Zorn iſt nicht Grimaſſe.

Soliman.

Du täuſcheſt dich.

Marianne.

O nein!
Wer ſich bemüht zu haſſen,
Der liebet noch, mein Herr! —

Ein Singspiel.

(schalkhaft.) Warum mich hohlen lassen,
Liebt mich dein Herz nicht mehr?

Osmin.
Sie häuft noch ihre Schuld
O Mahumed, Geduld.

Soliman. (seufzend.)
Einst warest du mir theuer.

Marianne.
(ihn zärtlich anblickend.)
Nun haßt der Sultan mich!

Soliman.
(zärtlich und feurig.)
Noch brennt der Liebe Feuer
In meiner Brust für dich.
Laß Herz um Herz uns geben,
Der Liebe ganz uns weihn,
So wird dann unser Leben
Ein frohes Eden seyn.

Marianne.
Mein Herz kann ich nicht geben,
Laß uns der Freundschaft weihn;
Auch so kann unser Leben
Ein frohes Eden seyn.

Soliman (aufgebracht.)
Fort Undankbare! — wähle!
Statt Größe, Sklaverey.

Elmire zu Soliman.
Zeig der verhaßten Seele
Daß sie dein unwerth sey.

Osmin.
In dieses Mädchens Seele
Steckt mehr als Ziererey.

Soliman und Elmire.

Der Sonne erste Strahlen
Erneuern deine ⎫
—————— ihre ⎭ Pein.
Nachts sollen grause Qualen
Den Schlaf von dir ⎫
—————— ihr ⎭ verscheun.

Marianne.

Mein Herz soll bey den Strahlen
Der Sonne sich erfreun;
Es wird trotz deinen Qualen
Mein Schlaf doch ruhig seyn.

Osmin.

Hier nützen keine Qualen,
Freund Soliman pack ein.
Du mußt viel theuer zahlen,
Willst du geliebet seyn.

(Marianne will sich entfernen.)

Solim. (hält sie voll Wuth zurück.) Bleib! — bleib! (zu Elmiren.) Entfernen Sie sich, Elmire! Ich kann meinem Zorne nicht mehr gebiethen, und vor Ihnen will ich ihn nicht ausbrechen lassen.

Elmire (unruhig.) Ich folge deinem Befehle. Aber Soliman, vergiß nicht, was der Sultan mir geschworen hat. — Folge mir, Osmin. (Beyde ab.)

Sechster Auftritt.
Vorige, ohne Elmiren.

Solim. (nach einer kleinen Pause, indem er Ma-

Ein Singspiel.

rlannen betrachtet, und wo sein Zorn nach und nach schmilzt.) Wenn ich meinem Zorn Gehör gäbe, so würde dein Zustand schrecklicher, als der Tod seyn, aber — so siegt das Mitleid.

Mar. (lächelnd.) Mitleid?

Solim. (zornig.) Ha! du verdienest dein Schicksal. — Dieses Lächeln zeiget, daß dein Herz zur Niedrigkeit geschaffen ist.

Mar. (mit edlem Stolze.) Du täuschest dich, Sultan! Seinem Unglücke weichen, ist die Art niedriger Seelen. Ein großes Herz bleibt sich immer gleich; Bescheiden im Schooße des Glückes, im Unglücke ruhig und stolz.

Solim. Aber es mißbrauchet nicht die Güte seines Herrn.

Mar. (ernsthaft) Sie sind Herr meiner Person, nicht meines Herzens. Die erstere konnte man Ihnen verkaufen, aber nicht das letztere. Umsonst ist jeder Versuch, mich zur Liebe zu zwingen. Wer nichts fürchtet, kennet keine Sklaverey.

Solim. Marianne! — Halten Sie mich für einen Tyrannen? — Nie werde ich meine Gewalt mißbrauchen, um Ihr Herz zu besitzen. — Fürchten Sie nichts von meiner verschmähten Liebe (nimmt ihr die Ketten ab.) Sie sind wieder frey.

Mar. Wie Sie das so gutmüthig sagen: (ihm schmeichelnd.) Nun, ich verzeihe Ihnen. — In Wahrheit, ich bin Ihnen gar zu gut.

Solim. Marianne! was wollen Sie?

Mar. Ihren Verstand in Ordnung bringen;

Sie von Ihrer Schwachheit heilen. — Sie haben ein gutes Herz, und das machet mich zu Ihrer Freundinn.

Solim. (für sich.) Ich wollte sie strafen, und sie beschämt mich, und entwafnet meinen Zorn. (zu Mariannen.) Wäre es möglich, daß Sie sich endlich erweichen liessen, und mir Ihr Herz —

Mar. Es kränket mich, einen so grossen Sultan so tief erniedriget zu sehen, daß er aus einer Sklavin seine Gebietherin machet, und sich von ihr am Gängelbande führen läßt.

Siebenter Auftritt.
Vorige. Osmin.

Solim. (verdrüßlich zu Osmin.) Wer ließ dich rufen, Sklave?

Osmin. Gnädigster Herr! die Sultanin Elmire befahl mir, daß ich diese Sklavin zu ihr bringen soll.

Solim. Über Mariannen hab nur ich zu befehlen. (zu Mariaunen.) Sie bewohnen die Zimmer im Harem wie zuvor, und gehorchen niemanden.

Mar. Herr! — So viele Güte rühret mich (verneigt sich, und geht ab.)

Osmin. Aber Herr! — Elmire! —

Solim. Sag ihr, so ist es Solimans Wille. (von einer andern Seite ab.)

Osmin Sein Wankelmuth setzt mich recht in Verlegenheit. Ich weiß gar nicht mehr, wessen Parthey ich nehmen soll. Und vollends die

Ein Singspiel.

Weiber, die martern mich noch zu Tode. Nichts als Zank und Hader, Neid und Eifersucht. Ich bin die Zielscheibe ihrer Capricen — oder die höllischen Weiber machen mich sicher noch zum Narren.

Wie die Feuertrommel schmettert,
Brennt die Flamme stark und hell,
Weiber! eure Zunge wettert,
  Eben so schlägt sie Rebell.
Weiber sind der Männerplage,
  Schon von Anbeginn der Welt
Ich empfind es alle Tage,
  Wie die Natterbrut mich quält.
Die Blonde, wie die Braune
  Hat jede ihre Laune,
Sie treiben nur mit mir ihr Spiel,
  Und jede macht, was sie nur will.
Die beißt mich einen Pavian,
  Die zündet mir die Haare an.
Die schlägt mir Schnippchen aus Überdruß,
  Mit Nadeln sticht mich die in Fuß.
Die zwickt mich hint, die zwickt mich vorn,
  Und keine läßt mich ungeschorn.
Ich mag trommeln, singen, pfeifen,
  Keine ist, die auf mich hört,
Lärmen, schreyen, zanken, kneifen,
  Ist das tägliche Concert.
Ist das nicht zum Teufel hohlen
  Noch beym mindesten Versehn
Kriegt man Prügel auf die Sohlen,
  Nein, das ist nicht auszustehn. (ab.)

Achter Auftritt.

(Ein walbigter Theil des Gartens. Von einer Seite Grotten und Lauben, von der andern Seite die Bäder des Seraills. Sanftes Mondenlicht erhellet die Schatten der Nacht, ohne jedoch die Mondscheibe zu sehen.)

Elmire allein.

Fort muß diese verhaßte Nebenbuhlerinn, um jeden Funken von Hoffnung in Solimanns Busen zu ersticken. So lange sie hier ist, werde ich zwar Solimans Thron, aber nie sein Herz besitzen.

Neunter Auftritt.
Elmire. Osmin.

Elmire. Du kommst ohne Mariannen? — Befahl ich dir nicht —

Osmin. Sultanin! Marianne ist wieder frey.

Elmire. Was sagst du? — Diese Nachricht schmettert mich zu Boden.

Osmin. Ich bin selbst ganz todt.

Elmire. Soliman liebt sie also?

Osmin. Bethet die kleine Hexe an.

Zehnter Auftritt.
Vorige. Marianne.

Mar. (da sie Elmiren mit Osmin reden hört, schleicht leise herbey, und verbirgt sich in die Grotte.)

Ein Singspiel.

Elmire. Wie verdorben ist sein Geschmack.

Osmin. Ich begreife gar nicht, was er Gutes an ihr findet

Elmire. Ein unbesonnenes Geschöpf.

Osmin. Leichtsinnig und muthwillig, die kein anderes Vergnügen kennet, als mir die Schwindsucht an den Hals zu ärgern.

Elmire (gibt ihm einen brillantnen Ring.) Sag, sind ihre Reitze mit den meinigen zu vergleichen?

Osmin (betrachtet den Ring) Sie ist noch häßlicher als ich. (sieht wieder den Ring an.) Sie sind so schön, daß Muhameds Favoritin! (zur Seite) Der Prophet mag mir diese Lüge nicht übel nehmen — gegen sie eine häßliche Meerkatze war.

Elmire. Ist es denn nicht möglich, ihr Solimans Herz zu entziehen?

Osmin. Es wäre ein leichtes Mittel — wenn Marianne sterben wollte.

Elmire. Du hast Recht. Der Tod allein kann mich von ihr befreyen.

Osmin. Aber sie ist so boshaft, daß sie uns diese Gefälligkeit gewiß nicht erweiset. Wir müssen also auf etwas anders denken.

Elmire. (nimmt die brillantene Ohrgehänge herab, und zieht einen Beutel Gold aus der Tasche.) Nimm lieber Osmin? Das alles sey dein? — Du sollst noch mehr haben, nur steh mir bey.

Osmin. (der alles einsteckt.) Von Herzen gern.

Elmire. Als Vorsteher des Serails vermagst du ju alles über deinen Herrn! — Osmin! — lieber Osmin! mein Schicksal ruhet in deinen Händen. — Ich würde vor Schaam sterben, eine

Nebenbuhlerin zu haben. Verringere bey jeder Gelegenheit ihre Reize, und erhöhe meine Schönheit. Rede von ihr alles Böse, und von mir nichts als Gutes, und lobe mich so viel als du kannst.

Mar. (tritt hervor.) Vortreflich!

Osmin. (da er Mariannen siehet, für sich.) Ich bin verloren. (heimlich zu Mariannen.) Sonne des Tages! Ich bin ihr treuester Sklave. — Ich habe Elmiren blos ausgeforscht, um Ihnen alles wieder zu entdecken. (für sich.) Wenn sie mir nur glauben wollte.

Mar. (gibt dem Osmin einen Ring, und parodirt Elmirens Rede.) Du, der alles über seinen Herrn vermag, nimm diesen Ring, denn er ist das erste und letzte, was du von mir bekommst. — Osmin! lieber Osmin! mein Schicksal ruhet in deinen Händen. — Ich werde vor Scham sterben! — keine Nebenbuhlerin zu haben. Erhebe bey jeder Gelegenheit ihre Reize, und verringere meine Schönheit, rede von ihr alles Gute, lobe sie, so viel du kannst, sage von mir alles Böse, und tadle mich, so viel du willst.

Elmire. Dieser Spott läßt dir übel, Treulose! So hältst du dein Versprechen! Du schwurst mir heilig, daß dich keine Krone reize, und daß Solimans Herz mir angehören soll.

Mar. Dieser Schwur war mein Ernst, und ist es noch.

Elmire. Heuchlerinn!

Mar. Sie sollen Beweise haben. Verschaffen sie mir Gelegenheit, daß ich Konstantinopel je

eher, je lieber verlassen kann, so will ich fliehen, und Sie haben dann nichts mehr zu fürchten.
Elmire. (erfreut.) Ist das Wahrheit?
Osmin. (mißtrauisch.) Oder sagen Sie es nur, damit Sie das Vergnügen haben, wenn ich mich dazu brauchen ließe, mich spießen zu sehen?
Mar. Es ist mein innigster Wunsch.
Osmin. Der kann erfüllt werden. Ein fertiges Schiff liegt im Haven, das heute Nacht noch absegelt.
Mar. So führe mich sicher dahin.
Osmin. Das nicht. Ich würde ja meinen Herrn betrügen, der mich aufgestellt hat, das Frauenzimmer zu bewahren. Ich selbst darf nicht Sie aus dem Serail führen. — Aber wenn Sie von ungefähr eine Strickleiter an der Gartenmauer finden, und hinübersteigen, so ist es nicht meine Schuld. — Ich muß ja nicht alles sehen. —
Mar. (lächelnd.) Ich verstehe dich. Soliman hat einen treuen Diener an dir.
Osmin. Keinen schlechtern, als die Diener mancher großen Herrn sind.
Elmire. Reisen sie glücklich, von meinem Dank und Segen begleitet, und von meinen Schätzen überhäuft.
Osmin. (erschrocken.) Wir sind alle verloren. Soliman nähert sich uns. — Wenn er uns gehört hat.
Mar. Er ist zu weit entfernt, um es zu innen.

Osmin. (erschrocken.) Die großen Herrn haben ein feines Gehör, ich zittre —

Mar. Entfernen Sie sich, und veranstalten Sie indessen alles zu meiner Reise. So bald Soliman den Garten verläßt, komme ich auf ihr Zimmer.

Elmire. (umarmt sie.) Sie sollen alles in Bereitschaft finden. (ab.)

Osmin. (im Abgehen.) Ich will ihr von Herzen gerne eine glückliche Reise wünschen. (er folget Elmiren, Marianne verbirgt sich.)

Eilfter Auftritt.

Soliman. Marianne.

Solim. (kommt traurig und nachdenkend.) Was nützet mir meine Krone, meine unumschränkte Macht, welche einer halben Welt gebiethet, da ich der Liebe nicht befehlen kann, und mein Herz im Stillen hoffnungslos seufzen muß, ohne daß jemand Theil an meinem Schmerzen nimmt.

Soliman.

In des Mondes Silberstrahlen
Klaget einsam dieses Herz,
Niemand theilet meine Qualen
Weibet Zähren meinem Schmerz.
(er bleibt traurig vor sich hinblickend stehen.)

Marianne.

(tritt etwas hervor, doch so, daß Soliman sie nicht sehen kann.)

In des Mondes Silberstrahlen
Klaget einsam noch ein Herz!

Theilet heimlich deine Qualen
Weihet Zähren deinem Schmerz.
(verbirgt sich schnell.)

Soliman.

(erwacht, da er die Stimme hört, aus seinem See=
lenschlummer, und siehet sich überall um.)
Was ist das? In dieser Stunde
Hier noch einer Stimme Klang?

Marianne (verborgen.)

Aus des Echo Felsenmunde
Wiederhallet dein Gesang.

Soliman.
(an das vermeintliche Echo.)

Nimmst du Theil an meinen Leiden! —
Sag! wird Liebe mich erfreun?

Marianne.
(ahmet das Echo nach.)

Dich erfreun!

Soliman.

Harren mein noch sanfte Freuden? —
Soll ich einmal glücklich seyn?

Marianne (wie oben.)

Glücklich seyn.

Soliman.
(mit auflebender Hoffnung.)

Werd ich bald das Ziel ersteigen?
(er horchet auf den Wiederhall, eine Pause, dann
traurig.)
Keine Antwort gibst du mir.

Marianne (tritt hervor.)

Herr! die Felsen müssen schweigen
Denn das Echo steht vor dir.

Soliman.
(angenehm überrascht, da er sie siehet.)
Marianne!

Marianne (scherzhaft.)
Ich! — Sie wähnen!

Soliman (erfreut.)
Heimlich weibest du mir Thränen! —
Dann ist dieses Herz ja mein. (umarmt sie.)

Marianne (windet sich los.)
Horch! das Echo saget. — Nein!

Soliman.
Ja!

Marianne.
Nein!

Soliman.
Allzeit brausen nicht die Wogen,
Auf die Nacht folgt Sonnenschein,
Einmal wirst du mir gewogen,
Meine traute Liebe seyn.

Marianne.
Sonnen spiegeln sich in Wogen,
Schnell bricht doch ein Sturm herein,
Trau nicht, mancher ist belogen
Wenn er glaubt geliebt zu seyn.

Beyde

(Marianne will sich entfernen.)

Solim. (hält sie zurück.) Sie wollen mich verlassen?

Mar. Ich muß Sie meiden; da unsere Herzen nie vereiniget werden können.

Solim. Wer hindert es?

Mar. (mit wahrer Zärtlichkeit.) Ich selbst. —

Ein Singspiel.

Sie verdienen zwar meine Liebe; aber Sie sind Sultan, und diese Würde legt eine zu tiefe Kluft zwischen unsere Herzen. — Außer dem, wer weis, was geschehen würde. (muthwillig.) Denn wirklich, so viele Liebhaber ich in Deutschland hatte, so kann ihnen doch keiner den Vorzug streitig machen.

Solim. (boßig) Sie haben schon geliebt?

Mar. Warum nicht? — Glauben sie denn, daß ein munteres artiges Mädchen in meinen Jahren sein Herz, diese beschwerliche Last für den Großherrn aufbewahren wird? — Sie sind sehr artig.

Solim. (aufgebracht.) Sie haben geliebt? — Das will ich rächen. Die Nichtswürdigen sollen sterben, die mich betrogen haben.

Mar. (munter.) Wozu diese Wuth? — Hören Sie lieber fein gelassen, meine Vertraulichkeit an.

Solim. (zornig.) Entferne dich.

Mar. Sie werden mich wieder zurückruffen, denn Sie bethen mich an, dieser kleine Scherz überzeuget mich nun ganz. (sie thut, als wollte Sie sich entfernen.)

Solim. Sie ist einzig in ihrer Art. (laut.) Bleib!

Mar. (kehrt zurück.) Ich hab es ja gesagt. — Komm her! — geh fort! — Bleib! — In der That, mein liebenswürdiger Sultan, mit ihrem Kopfe ists nicht ganz richtig. — Wo ist der große Soliman, vor welchem Europa, Asia, und Afrika zittert? Womit beschäftigt sich der tapfere Fürst? Das empörte Arabien drohet ihm, und er tändelt mit den Weibern seines Harems. — Geh, bewaffne deinen Arm! Straffe die Rebellen, und laß die Liebe indessen nach dir seufzen. Kehrest du siegreich zurück, dann erhohle dich in ihren Armen.

Solim. (mit erstaunungsvoller Bewunderung) Wer hält mir diesen Spiegel vor? — Ist es eine Gottheit? — Ist es ein Weib? Marianne! was sind sie für ein unbegreifliches Geschöpf! muthwillig, und ehrwürdig zu gleich. Sie bezaubern mein Herz, und zeigen mir meine Pflicht.

Mar. Zum Glück bin ich ihre Freundin.

Solim. (sehr gerührt) O bleiben sie es beständig. — Bis diesen Augenblick hat man mir nur geschmeichelt, Sie lehrten mich die Liebe und die Wahrheit kennen. — Wäre ich doch so glücklich, daß ich ihr Herz —

Mar. (freundlich.) Nun mein Herz?

Solim. Könnt ich es erhalten? — Aber Sie hassen mich.

Mar. Nein Soliman! Ich hasse nicht Sie, sondern nur den Mißbrauch ihrer Gewalt; die häßlichen unausstehlichen Wächter.

Solim. Diese sind aber nothwendig. Sie wissen, daß ich 500 Weiber habe.

Mar. Fünfhundert? Das ist viel. — Und vermuthlich fünfhundert recht glückliche Weiber? Sie verlangen wohl sogar, daß alle in ihre Hoheit verliebt seyn sollen?

Solim. Jede suchet mir zu gefallen.

Mar. Das glaube ich. Wenn man allein ißt,

so wird man nothwendig. — Werden Sie auch von ihren Weibern wahrhaft geliebt?

Solim. Ich zweifle.

Mar. Und mit Recht: Die Liebe wird verdächtig, so bald ihr die Freyheit mangelt. Darum könnten Sie auch, wenn ich jetzt nur dem Drange, der reinsten Gluth nachgebe, glauben, daß ich Sie aus Furcht, oder aus Stolz liebte. Diese erniedrigende Meynung von mir muß ich mir ersparen.

Solim. Ja ich fühle, daß die Liebe eine genaue Gleichheit erfodert. — Marianne! Sie sind ganz frey.

Mar. So frey, daß ich auch das Serail verlassen darf, wenn ich will?

Solim. Ja! — Zwar tödtet mich ihre Entfernung, aber ich will lieber sterben, als Ihnen ferner den geringsten Zwang anthun.

Mar. (gerührt und zärtlich.) So viele Güte rühret mein Herz. — Verlassen Sie mich. — Ich muß allein seyn, um mich zu sammeln. — Osmin soll ihnen sagen, was meine Zunge nicht Muth hat, ihnen zu erklären.

Solim. Ich gehorche Ihnen, — Marianne! — Es ist das erstemahl, daß Soliman gehorchet. Vergessen Sie nicht, daß ihr Ausspruch das Schicksal meines Lebens bestimmt. (ab)

Zwölfter Auftritt.
Marianne.

(Sie steht während des Ritornels dem Sollman gedankenvoll nach.)

Der Liebe schönstes Werk ist nun vollbracht,
Besieget ist der Stolz, und alle Macht

Des Herrschers schützt ihn nicht vor Amors Tyranney —
Er muß es fühlen
Daß Amors Spielen
Das schwerste nicht unmöglich sey.

Loser kleiner Gott der Liebe!
Spare deinen Scherz bey mir;
Laß mir meine munt're Triebe
Ewig dank ich dir dafür.
Zwar, hier lächeln Amoretten
Mich mit sanfter Freude an,
Doch es rasseln Sklavenketten
Auf der Liebe Rosenbahn.
(Pause von einigen Tacten, worinn sie nachdenkt, wozu sie sich entschließen will.)
Ja ich muß den Sultan meiden
Bräche selbst mein Herz entzwey,
Theuer sind der Liebe Freuden
Kauft man sie durch Sklaverey. (ab.)

Dreyzehnter Auftritt.

Inneres Kabinet im Serail. Soliman.

So gab einmahl dieses unbiegsame Herz meinen Wünschen einige Hoffnung. — Sie liebt mich! — Seliger Gedanke! — Morgen werde ich die Beständigung meines Glückes hören. — Morgen? — Es ist eine Ewigkeit bis dahin. — Nein, heute noch — In diesem Augenblicke muß ich es wissen. (Er ruft.) He! Osmin, Osmin! — Die Heftigkeit meiner Liebe muß die Unschicklichkeit entschuldigen, daß ich so spät ihren Schlaf stöhre. Sie wird nicht schlafen, Sie liebt ja nun auch, und so

Ein Singspiel.

werden ihre Augen so wach seyn, wie die meinigen. Osmin! Osmin!

Vierzehnter Auftritt.
Soliman, Osmin.

Osmin. Herr! dein Sclave gewärtiget deine Befehle.

Solim. Endlich, lieber Osmin, endlich wirst du mich glücklich sehen.

Osmin. Ja Herr, denn die Sultanin Elmire —

Solim. Nicht Elmire! — Marianne! — Sie ist frey, — ich liebe sie — werde wieder geliebt. — Begreifst du mein Glück? — Kannst du es dir wohl vorstellen?

Osmin. Nein Herr! (seufzend.)

Solim. Eh ich Marianne kannte, umwölkte eine düstere Schwermuth meine Seele, und mein Herz blieb fühllos mitten im Schoose des Vergnügens. **Ich hatte alles, und genoß nichts.** Mariannen habe ich das Glück der Liebe zu danken.

Osmin. Arme Elmire!

Solim. Sie wird stets der Vortheile des Harems theilhaft seyn. Doch eile jetzt zu Marianne! durch deinen Mund will sie mir das süße Geständniß ihrer Liebe, das ich in ihren furchtsamen Augen las, und welches ihr Mund nicht wagte auszusprechen, bestättigen.

Osmin. (verneigt sich im Abgehen.) Gut, daß sie itzt schon wird abgesegelt, und weit genug entfernt seyn. Ich kann ihm also die Nachricht ihrer Flucht schon hinterbringen. (ab.)

Fünfzehnter Auftritt.

Soliman, und bald darnach wieder Osmin.

Solim. Nein! es ist nicht Eigensinn, der mich an sie fesselt, es ist Billigkeit, Vernunft — Tugend. Die Gleichgültigkeit, mit welcher ich von Vergnügen zu Vergnügen eilte, überall nur, wo ich Ergötzen suchte, lange Weile fand, war ein schrecklicher Zustand, ein gefährlicher Schlaf meiner Seele, aus welchem mich Marianne wekte. (Osmin tritt ein.) Ich erwarte dich voll Ungeduld — Was sagte Sie?

Osmin. Herr! meine Zunge zittert, die schreckliche Nachricht zu sagen. — Marianne — ist entflohen.

Solim. (niedergedonnert.) Entflohen!

Osmin. Ein Sklave, dem Sie vorher noch diesen Brief gab, sah sie auf einer Strickleiter über die Gartenmauer steigen, und dem Kanale zu eilen. Hier ist der Brief. (giebt ihm einen Brief.)

Solm. (nimmt den Brief, erbricht ihn, und liesset ihn vor Schmerzen und Wuth zitternd. „Sultan! Dein Wort ist heilig. Du gabst mir die Freyheit. Ich eile nach Deutschland zurück. Ich muß dich zu meiner und deiner Ruhe fliehen. — Wenn du dieses liesest, bin ich schon weit aus deinen Augen entfernt." He, Sklaven! Bo-

Ein Singspiel.

stangis! — Wache! (eine Menge dieser Leute erscheinen.) Auf! eilet dem Kanale zu — Folge mir Osmin! — Ich muß sie einhohlen, und sollte ich ihr auf einem schwachen Kahne nachschwimmen. (stürzt eilends ab, und alle folgen ihm.)

Osmin (der ihm gleichfalls folget) O Muhamed! Schwelle die Segel ihres Schiffes, oder führe es, wo möglich durch die Luft. (ab.)

Sechszehnter Auftritt.

(Die Aussicht von Constantinopel gegen Mitternacht. Im Grunde der schöne Haven, den der aus der Meerenge gegen Nordwesten in das Land bringende Kanal bildet. Eine Menge Schiffe, worunter ein ganz segelfertiges, und zum Auslaufen bereitet ist. Heller Mondschein. Schiffscapitain, viele Matrosen, wovon einige auf dem Schiffe beschäftiget, andere auf dem Lande sind.)

Capitain.

Es plätschern so ruhig die silbernen Wellen
Die Winde vollbackigt, die Segel anschwellen,
Diana hold lächelnd Endimions harrt,
Das alles weissagt eine glückliche Fahrt.

Matrosen.

Es hat uns Fortuna schon öfters genarrt,
Drum zweifeln wir sehr an der glücklichen Farth.

Capitain.

Neptun sey gewogen der heutigen Reise,
Dann weichet Aeol von der tückischen Weise;
Und läßt nicht die heulenden Stürme schnell los,
So ruhen wir bald in des Vaterlands Schooß.

Matrosen.

Aeol laß die heulenden Stürme nicht los,
Sonst sinken wir alle Neptunen in Schooß.

Soliman der Zweyte.

Capitain.
Auf! lichtet die Anker, begebt euch an Bord!
Erscheinet das Mädchen, dann geht es gleich fort.

Matrosen.
Wir lichten die Anker, und eilen am Bord!
Erschein holdes Mädchen, dann segeln wir fort.

(Ein Matrose auf dem Schiffe zum Schiffscapitain.)
Sie kommt herbey geeilet. — —
Ein reizendes Gesicht.

Siebenzehnter Auftritt.

Vorige. Marianne.

(Capitain zu Mariannen.)
Du hast sehr lang verweilet.

Marianne.
Ich konnte früher nicht,
(für sich.) Wie hart fällt mir das Scheiden! —
Bald reut mich meine Wahl, —
Des theuren Mannes Leiden
Vermehren meine Qual.

Capitain heimlich zu Mariannen.
Besteig das Schiff geschwind,
Eh Soliman dich findt.

Capitain und Matrosen.
Ade ihr Herrn Osmannen!
Wir stossen von dem Strand;
Und segeln jetzt von dannen
Vergnügt ins Vaterland.

Marianne.
O hätt ich Solimanen
So reizend nie gekannt,

Ein Singspiel.

Ich segelte von dannen
Vergnügt ins Vaterland.
(Sie steigen alle in das Schiff bis auf den Capitain und Marianne, da diese gleichfalls an Bord wollen, ruft ein Matrose.)

Matrose.
Ach der Sultan mit der Wache!

Alle.
Weh! es ist um uns geschehn.

Marianne und Capitain.
Wie entfliehen wir der Rache,
Laßt uns schnell zu Schiffe gehn.
(Marianne und der Capitain wollen hastig auf das Schiff, da stürzt heraus
Soliman, Osmin, Gefolge des Solimans, und Vorige.

Achtzehnter Auftritt.

(Soliman eilet herbey, ergreift Mariannen mit der Rechten, den Capitain mit der linken Hand, ziehet erstere zurück, und schleudert letztern vor sich auf den Boden.)

Soliman.
Ha! Verwegner! kannst du's wagen?
(zur Wache) Legt in Ketten diese Brut!
(Einige von der Wache eilen auf das Schiff, und führen die Matrosen gefangen an das Land.)

Capitain.
(knieend. Einer von der Wache hält den blossen Säbel über den Kopf des Capitains)
Herr Erbarmen! — laß dir sagen!
Schuldlos trift mich deine Wuth.

Marianne.

(zum Soliman, indem sie auf dem Capitain zeiget.)
Dieser Mann that kein Verbrechen,
Alle Schuld gehöret mein,
Wenn sich Soliman will rächen,
Treffe mich sein Zorn allein.

Capitain und die Matrosen.

Gnade!

Soliman.

Könnt ihr nicht erlangen.

Osmin zu Soliman.

Nein! der Kerl muß an den Spieß
Oder an den Galgen hangen,
(zur Seite.) Weil er sich ertappen ließ.

Soliman

(zu Mariannen mit einem zärtlichen Vorwurfe.)
Dich entfernen hast du können! —
So belohnest du mein Herz?

Marianne (unruhig.)

Beyder Ruhe heißt uns trennen: —
Glaube mir! — ich flieh mit Schmerz.
(Sie will fort, Soliman hält sie zurück.)
Nein du sollst kein Schiff besteigen,
Dich entreißt mir keine Hand,
Nie wird meine Liebe schweigen,
Trennt uns gleich ein ferneres Land.

Marianne.

Herr! laß mich das Schiff besteigen!
Mich entfernt des Schicksals Hand.
Deine Liebe wird bald schweigen,
Trennet uns ein fernes Land.

Osmin für sich

Möchte sie das Schiff besteigen! —
Gerne böth ich ihr die Hand,

Kann sie, was ich that nicht schweigen
Lohnet mir ein seidnes Band.
(deutet das Stranguliren an.)
Capitain und Matrosen.
Herr! laß uns das Schiff besteigen
Und entfeßle unsre Hand;
Laß des Zornes Stimme schweigen,
Gerne meiden wir dein Land.

Solim. (der Marionnen, die fort will, zurückhält)
Grausame! so lohnst du meine Güte, meine Großmuth?

Mar. Worüber beklagt sich Soliman? — Gab er mir nicht unbedingt meine Freyheit?

Solim. Ja, aber ich hoffte —

Mar. Daß ich ihm dafür mein Herz schenken würde. — Ihre Großmuth war also nur Eigennutz.

Solim. Das größte Glück. —

Mar. Ist nicht immer wünschenswerth.

Solim. Die Vorzüge des Harems —

Mar. Verachte ich.

Solim. Meine Liebe — mein Herz — ist nichts ihrer würdig?

Mar. (voll Unruhe, Verwirrung und Zärtlichkeit) Dringen Sie nicht weiter in mich! Lassen Sie mich fliehen! — Wir werden beyde in der Entfernung glücklicher seyn — Ich fürchte! — Ach! ich traue mir selbst nicht mehr.

Solim. Diese Unruhe — diese Verwirrung. Nein, ich bin ihnen nicht gleichgültig.

Mar. Wenn ich Sie liebte, würden Sie deswegen glücklicher seyn?

Solim. Sie lieben mich?

Mar. Laſſen Sie mich.

Solim. Marianne! Sie lieben mich?

Mar. Ja! — aber hoffen Sie nichts. Ich bin Herr über eine Neigung, die mein Stolz verwirft. — Ich muß fort.

Solim. Mich lieben, und mich fliehen wollen? Welch ein Widerſpruch?

Mar. Liebe fordert Gleichheit. Ihre Macht hat ein zu groſſes Übergewicht. Mein Beherrſcher kann mich heute wählen, und morgen wieder abdanken. Ich muß gegen alle Unbeſtändigkeit geſichert ſeyn. — Und ſo kann mich Soliman nicht erhalten, ohne mein Gemahl zu werden, und daß ich unumſchränkt mit ihm zugleich herrſche.

Solim. (betroffen.) Darauf verfallen ſie?

Mar. Wenn mein Geliebter eine Strohhütte beſäße, ich würde ſie mit ihm theilen, und keine Krone ſeinem niedern Dache vorziehen; aber beſizt mein Geliebter einen Thron, und theilet ihn nicht mit mir, ſo iſt er meiner nicht würdig.

Solim. Welche Forderung!

Mar. Wenn Sie mich nicht würdig halten, über ihre Türken zu herrſchen, ſo verliere ich eben nicht viel dabey. In meinem Vaterlande werde ich mehr ſeyn, wie hier. In Deutſchland iſt jedes ſchöne Mädchen Sultanin, und alle Männer ſind deſſen Sklaven. — Seyn Sie alſo gütig, und laſſen ſie mich reiſen. (will fort.)

Solim. (hält ſie zurück.) Kann ich das? — Wenn es nur auf mich ankäme, ſo ſchwöre ich —

Mar. Das iſt eine ſchlechte Entſchuldigung.

Ein Singspiel.

Solim. Aber —

Mar. Sie wissen meinen Entschluß — wählen Sie!

Solim. Aber ein Sultan!

Mar. Kann alles.

Solim. Unsere Gesetze —

Mar. Können Sie umändern.

Solim. Der Mufti, der Großvezier — der Janitscharen Aga —

Mar. Diese setzet man ab, wenn sie widersprechen.

Solim. Mein Volk —

Mar. Hat kein Recht, ihrem Herzen Gesetze vorzuschreiben, und glauben Sie, daß die Gemahlin eines Sultans, welche die Leutseligkeit mit der Majestät verbindet, dem Unglücklichen hülfreiche Hand biethet, die Strenge der Gesetze mildert, die Unschuld beschützet, und das Verdienst durch ihren Vorspruch emporhebt, den Sultan in den Augen seines Volkes strafbar und verächtlich machen kann.

Solim. Ja, Marianne! Sie sollen meine Gemahlin seyn.

Mar. So lassen Sie die Grossen des Reichs alsogleich versammeln, dann soll mich ihr Volk, soll mich Soliman erst kennen lernen.

Solim. Ich kenne dich schon, liebenswürdige Zauberinn!

Mar. Der Sultan täuschet sich — Er kennet Mariannen noch nicht genug. (ab.)

Osmin. (Der sich indessen mit dem Kapitain beschäftiget hat, manchmal heimlich lauschte, was Soli-

F

man und Marianne zusammen sprechen, und sein Mißver=
gnügen öfters durch Geberden äußert.) Gnädigster
Herr! —

Solim. Laß die Großen des Reichs zusam=
men berufen! sie sollen sich alsogleich im Serail
versammeln, damit ich ihnen meine Gemahlin
in Mariannen vorstelle.

Osmin. (erstaunt.) Ma — rianne Ihre Ge=
mahlin! — Herr es ist spät. Sie werden schon
alle schlafen.

Solim. Das werden sie nicht.

Osmin. Wenigstens der Mufti. Er ist ein
alter Herr, der schnarchet gewiß schon.

Solim. So donnere mein Befehl ihn aus
dem Schlaf. (zum Kapitain und den Matrosen) Ihr
seyd frey. (ab mit dem Gefolge und Osmin.

Kapitain u. Matrosen Dank dem groß=
mächtigsten Soliman. (Sie besteigen das Schiff.)

Neunzehnter Auftritt.

Elmirens Zimmer, wie im ersten Aufzuge.

Elmire.

Mein Gram ist verflogen,
Schon eilet auf Wogen
Gleich Pfeilen von Bogen
Die Feindinn davon.
Bald schwört mir voll Reue,
Mein Soliman Treue,
Und schenkt mir aufs neue
Ein Herz und den Thron.

Ein Singspiel.

Zwanzigster Auftritt.

Elmire. Osmin.

Elmire.

Was beflügelt deine Sohlen
Noch zu mir um Mitternacht?

Osmin.

Euch zum Krönungsfest zu hohlen
Hab ich mich hierher gemacht.

Elmire (voll Freude.)

Ist es möglich? welch Entzücken,
Heut noch krönt mich Sollman.

Osmin.

Euch wird keine Krone drücken,
Mariannen geht es an.

Elmire.
(wie vom Donner betäubt.)

Ist das wahr?

Osmin.

Bey meiner Ehre.

Elmire.

Marianne!

Osmin.

Glaubet mir.

Elmire.

Nein! — unmöglich! — auf dem Meere
Schwebt sie ja schon fern von hier.

Osmin.

Wollt ihr nicht aus diesem Zimmer,
Zehen Schritte weiter gehn,
Da könnt ihr beym Fackel=Schimmer
Selbst das ganze Fest besehn.

Elmire.

Also wahr? — Mein Blut erstarret. —
Osmin: — komm! (sie will fort.)

84 Soliman der Zweyte.

Osmin (hält sie zurück.)
He! — nur gescheid!
Besser ist es, ihr ersparret
Euch das große Herzensleid.

Elmire.
Ihre Freude zu zerrütten,
Stürz ich in den Saal hinein! —
Ich will rasen — toben — wüthen
Flammen soll mein Auge speyn.

Osmin.
Ihre Freude zu zerrütten,
Das vermag nicht euer Dräun,
Alles Rasen, Toben Wüthen
Wird von keinem Nutzen seyn.
(Elmire stürzt wild ab, Osmin folgt ihr.)

Ein und zwanzigster Auftritt.

Ein prächtiger Säulensaal, von vielen Fackeln erleuch=
tet. Vorne stehen zwey Throne unter einem Baldachin.

**Der Mufti. Großvezier. Janitscharen=
Aga. Mehrere Große des Reichs.**

Alle.
Uns aus dem Schlaf zu wecken,
Was fällt dem Sultan ein?
Die Ursach zu entdecken
Ist mein Verstand zu klein.

Zwey und zwanzigster Auftritt.

Vorige. Soliman (mit Gefolge.)

Soliman.
Vernehmt, was ich befehle! —
Noch werde diese Nacht

Das Weib, das ich mir wähle,
Zur Sultarin gemacht.
Sie herrsche auf dem Throne
Mit unumschränktem Sinn,
Erhalte meine Krone,
Sey eure Herrscherinn.

Alle

schütteln mißvergnügt die Köpfe, und murren)
Ein Weib soll uns regieren!

Soliman (zornig.)

Ihr murrt? Verwegene? — Ha!
Ich laß euch stranguliren.

(Gelassen)

Erkläret euch! — darf ich?

(Erst einer nach dem andern, dann **alle**)

Ja! (jeder fühlet zugleich an seinen Hals.)

Soliman (zum Mufti.)

Kann das Gesetz es wehren?

Mufti.

(verbeugt sich tief.)

Nein Herr! es spricht für dich.

Soliman (zum Großvezier.)

Wird es den Thron entehren?

Großvezier (verbeugt sich.)

Sein Glanz vergrössert sich.

Soliman (zum Janitscharen = Aga)

Wird sich dein Corps empören?

Janitscharen = Aga (verbeugt sich.)

Das Corps gehorcht wie ich.

Soliman (zu einem Sklaven.)

So hohle sie herbey!
Mein Divan wählt sie frey.   (Sklave ab.)

Drey und zwanzigster Auftritt.

Vorige. Marianne in einem prächtigen türkischen Anzuge begleitet von einer Menge Odalifen und Sklavinnen.

Chor der Weiber.

So schön entstieg dem Meere
Voll sanfter Majestät,
Die reizende Cythere
Von Zephyren angewebt.
Wie deiner Schönheit Sonne,
Von Grazien umschwebt,
Sich heute zu dem Throne
des Solimans erhebt.

Soliman

(zu allen, indem er Mariannen bey der Hand nimmt, und sie ihnen zeiget.)

Hier sebt der Schönheit Zierde,
Den Stolz der ganzen Welt.
Sagt, war mit hoher Würde,
Mehr Sanftmuth je vermählt?

Alle.

Sie ist des Thrones Zier
Wir alle huld'gen ihr.

Marianne zu Soliman.

Ich werde deiner Liebe.
(zu den übrigen.) Werth eurer Achtung seyn.

Soliman.

Belohne meine Triebe
Und nimm den Platz hier ein.
(will Mariannen zum Thron führen.)

Vier und zwanzigster Auftritt.

Vorige. Elmire. Osmin.

Elmire.

(stürzt herein, Osmin bemüht sich vergebens sie zurück zuhalten.)

Ein Singspiel.

(zum Soliman.)
Falscher! deine Thaten zeigen
Hier von deinem Wankelmuth.
      (auf Mariannen deutend.)
Diese soll den Thron besteigen?
Nein! bey Gott! es soll ihr Blut. —
     (mit einen Dolch auf Mariannen los.)
     (Soliman hält Elmiren zurück.)
Halt! du rasest Ungeheuer!
      Elmire (zärtlich.)
Liebte mich nicht Soliman?
      Soliman (sanfter.)
Laune lachte jenes Feuer
     (auf Mariannen zeigend.)
Diese Glut bläst Amor an.
      Elmire (wankend.)
O Himmel! wie ist mir? — die Sinne vergehen —
Mein Auge erlöschet — mir drohet das Grab.
Ihr Götter! ach könnt ihr mich Jammernde sehen,
Und schleudert nicht eure Blitze herab.

Marianne, Soliman, die Übrigen.

O Himmel! wie ist ihr? Die Sinne vergehen —
Ihr Auge erlöschet — ihr drohet das Grab.
Ihr Götter! ach könnt ihr die Jammernde sehen,
Und träufelt nicht lindernden Balsam herab.

      Elmire
(geht wankend und vor Schmerzen außer sich ab.)
     Soliman zum Osmin.
Folg Elmiren, und mit Schätzen
Reich beladen laß sie fliehn.   (Osmin ab.)
      (zu Mariannen.)
Komm! dich auf den Thron zu setzen
Sey von nun an Herrscherin
   (er führt Mariannen zum Throne, er will, daß sie zu=
erst hinaufsteige, doch diese nöthiget ihn, voran zu ge=
hen.)

Marianne.

(da Soliman auf dem Thron ist, bleibt an den Stuffen stehen)

Sultan! — Große! — hört! ich geitze
Nicht nach Zepter, Reich und Kron —

(zum Soliman zärtlich)

Für mein Herz hat einzig Reitze
Deine Liebe nicht der Thron.

(zu allen)

Lernet meine Denkart kennen! —
Mich beherrscht nicht Eitelkeit.

(zum Soliman)

Mich zur Herrscherin ernennen
Ist, was dein Gesetz verbeut. —
Nimm die Krone Mariannen,
Sie entsaget willig ihr. —

(zu allen)

Nicht die Fürstin der Osmanen
Nein! — die Sklavin kniet hier.

(Sie kniet vor dem Throne nieder.)

Alle.

(drücken ihre Verwunderung und Hochachtung aus.)

Soliman (gerührt.)

Herrsche frey auf meinem Throne! —
Dir gehorcht selbst Soliman!

Der Mufti und Großvezier.

Die verdienet eine Krone,
Die so edel denken kann.   (Sie heben Mariannen
auf den Thron.)

Schlußchor.

Freude, Glück und Segen schweben
Über dieses hohe Paar.
Gerne bringet Blut und Leben
Euch das Volk zum Opfer dar.
